200 Diktate wie in der Schule

Deutsch 1. – 4. Klasse

von

Beate Döring
Anke Kaufmann
Ursula Lassert
Jutta von der Lühe
Hannelore Maier
Elfriede Schulz
Ingrid Steber
Karl-Wolfgang Walther
Anna E. Weichert

Diktate zum Anhören

- als **MP3-Download** mp3 unter www.klett.de/lernhilfen. Gib dazu den Online-Link 949108-0000 in das Suchfeld ein.
- mit **QR-Code**: Scanne einfach den Code ein.

Klett Lerntraining

Von den Autoren stammen die Diktate mit folgender Nummerierung:

Beate Döring:	127–128, 130, 132, 183–188, 193–197
Anke Kaufmann:	66–73
Ursula Lassert:	22–24, 27–32, 34–42, 46–49, 51–52, 54, 79–88, 99–102, 108–115, 133–153, 189–192, 198–100
Jutta von der Lühe:	154–163
Hannelore Maier:	9–21
Elfriede Schulz:	1–8, 53, 57–65, 129, 131
Ingrid Steber:	25–26, 33, 43–45, 50, 55–56, 89–98, 103–107, 164–182
Karl-Wolfgang Walther:	Seiten 14 bis 21 und 190 bis 208
Anna E. Weichert:	74–78, 116–126

Bibliografische Information der Deutschen Nationalbibliothek
Die Deutsche Nationalbibliothek verzeichnet diese Publikation in der Deutschen Nationalbibliografie; detaillierte bibliografische Daten sind im Internet über http://dnb.d-nb.de abrufbar.

Auflage 3 2 | 2015 2014
Die letzten Zahlen bezeichnen jeweils die Auflage und das Jahr des Druckes.

Die Diktate für das 2. bis 4. Schuljahr wurden folgenden Bänden entnommen:
„100 Diktate und Übungen 2. Schuljahr"
„100 Diktate 3. Schuljahr" und „100 Diktate 4. Schuljahr"

Dieses Werk folgt der neuesten Rechtschreibung und Zeichensetzung.

www.klett.de/lernhilfen
Teamleitung Grundschule und Kinderbuch: Susanne Schulz
Umschlagfoto: Thomas Weccard, Ludwigsburg
Umschlag- und Innengestaltung: Sabine Kaufmann, Stuttgart
Umschlagillustration und Leitfigur: Thomas Thiemeyer, Stuttgart
Audioproduktion: Ton in Ton Medienhaus (Anne Weik), Stuttgart
Illustrationen: Sven Palmowski, Barcelona
Satz: TEBITRON GmbH, Gerlingen
Druck: medienHaus Plump GmbH, Rheinbreitbach
Printed in Germany
ISBN 978-3-12-949108-9

9 783129 491089

Laute und Buchstaben

s-Laute

Silbentrennung

Satzzeichen

Diktate für das 3. Schuljahr

Groß und Kleinschreibung

Dehnung

Schärfung

Laute und Buchstaben

Wortbildung

s-Laute

Silbentrennung

Diktate für das 4. Schuljahr

Groß- und Kleinschreibung

Getrennt- und Zusammenschreibung

Dehnung

Schärfung

Laute und Buchstaben

Wortbildung

s-Laute

Silbentrennung

Zeichensetzung

Schreibung mit Bindestrich

Elterntipps zum Thema „Rechtschreiben“

Liebe Eltern,

Diktate schreiben kann man lernen – je früher Sie und Ihr Kind damit beginnen, umso besser wird Ihr Kind abschneiden, wenn es in der Schule auf gute Noten ankommt. Üben Sie daher schon im ersten Schuljahr mit einzelnen Wörtern, Wortgruppen und Sätzen, bevor Sie kleinere Texte diktieren. In diesem Buch finden Sie eine Fülle an Beispieltexten für die ganze Grundschulzeit.

Darauf kommt's in den ersten Schuljahren an:
Bevor Sie Ihrem Kind Wörter, Sätze und Texte diktieren, sollten Sie alle Wörter mehrmals gut und möglichst abwechslungsreich geübt haben. Ihr Kind sollte jedes einzelne Wort mehrmals geschrieben haben, bevor Sie das Diktat schreiben lassen. So hat Ihr Kind die Chance, Fehler zu vermeiden – was immer günstiger ist, als Fehler verbessern zu müssen. Mehr dazu finden Sie in den Elterntipps zum Thema Rechtschreiben auf den Seiten 190 bis 200.

Wie Sie mit diesem Buch üben können:
- Sie können z. B. einen Diktattext pro Woche vorbereiten und schreiben lassen oder die Diktate zur Vorbereitung auf Klassenarbeiten nutzen. Suchen Sie sich aus der entsprechenden Klassenstufe Ihres Kindes einen Diktattext aus. Im Inhaltsverzeichnis finden Sie zu jeder Seite die wichtigsten Lerninhalte und überblicken somit rasch, welche Rechtschreibschwerpunkte die Texte haben.
- Die Lernwörter eines Diktates sind immer grün gedruckt. Sie können somit Texte und Wörter gezielt aussuchen und so gegen Fehlerschwerpunkte Ihres Kindes angehen.
- Wörter mit Sternchen* sind für die meisten Kinder zu schwierig. Sie sollten sie deshalb beim Diktieren buchstabieren.
- Die Merkkästen nennen die wichtigen Rechtschreibregeln zum jeweiligen Text.
- Wenn Sie mit Ihrem Kind einzelne schwierige Wörter intensiv üben möchten, finden Sie ab Seite 203 eine Liste mit Wörtern, die häufig falsch geschrieben werden.

MP3-Diktate online: Diktate, zu denen es Audio-Dateien gibt, sind mit 🎧 gekennzeichnet. Online finden Sie diese unter folgender Adresse: www.klett.de/lernhilfen. Geben Sie im Suchfeld oben den **Online-Link 949108-0000** ein. Sie können die Dateien direkt online abspielen lassen, oder über „Ziel speichern unter" auf Ihrem Rechner speichern und von Ihrem Speicherort aus abspielen oder auf Ihren MP3-Player ziehen. Dann kann sich Ihr Kind die Texte selbst diktieren lassen. Sie finden immer zwei Versionen: Einmal wird der Text komplett vorgelesen und einmal in Sinneinheiten diktiert.

Texte aufs Handy holen: Scannen Sie oder Ihr Kind einfach den Code beim Diktat mithilfe einer QR-Code-App mit Ihrem Smartphone ab. Sie können auch hier zwischen den Versionen „komplett vorgelesen" und „diktiert" wählen.

Nehmen Sie sich für die Vorbereitung, für das Diktat selbst und für die Nachbereitung Zeit. Überprüfen Sie den geschriebenen Diktattext genau, denn die Fehler geben wichtige Hinweise auf Schwächen. Sie können dann gezielt üben.

Bitte beachten Sie: Jedes Diktat in diesem Band behandelt einzelne Rechtschreibinhalte so, wie sie auch in den Lehrplänen für das jeweilige Schuljahr vorgesehen sind. Daher haben wir diese Rechtschreibschwerpunkte dem Schuljahr zugeordnet, in dem sie zum ersten Mal im Unterricht thematisiert werden. Aber auch in den folgenden Schuljahren werden diese Inhalte immer wieder geübt und gefestigt, sodass es beim Üben zu Hause durchaus sinnvoll ist, auch Diktate aus früheren Schuljahren noch einmal durchzunehmen, wenn Ihr Kind in einzelnen Bereichen Schwächen zeigt.

Beim gemeinsamen Üben wünschen wir Ihnen viel Erfolg!

die kleinen Lerndrachen

Alle wichtigen Begriffe auf einen Blick

Namenwort, Hauptwort	Nomen, Substantiv
Zeitwort, Tunwort, Tuwort, Tätigkeitswort	Verb
Eigenschaftswort, Wiewort	Adjektiv
Einzahl	Singular
Mehrzahl	Plural
Grundform	Infinitiv
Begleiter, Geschlechtswort	Artikel
Fürwort, Stellvertreter	Pronomen
bezügliches Fürwort	Relativpronomen
Verhältniswort	Präposition
Bindewort	Konjunktion
Umstandswort	Adverb
Selbstlaut	Vokal
Mitlaut	Konsonant
Doppellaut	Diphthong

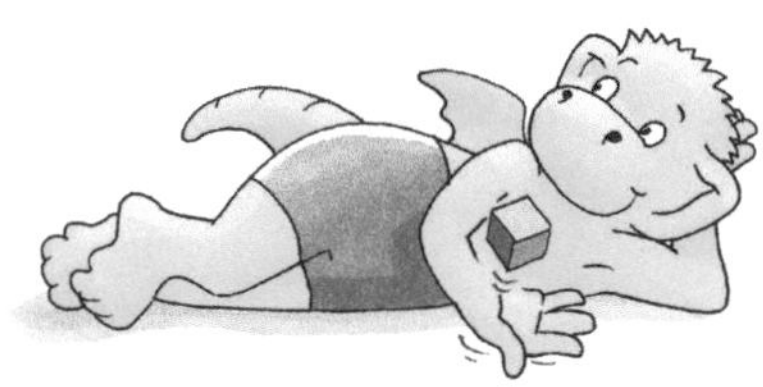

Fünf Namen

Uli, Susi, Ali, Isa, Lea

Lautgetreue Namenwörter

Unter diesen Überschriften finden Sie Namen und Namenwörter, die man so schreibt, wie man sie spricht. Sprechen Sie beim Vorlesen deutlich. Ihr Kind hört genau zu und spricht beim Schreiben laut und deutlich mit.
Namen und Namenwörter werden immer großgeschrieben: **U**li, **M**aria, **W**aldi, **H**und, **N**ase.

Zehn Namen

Uta, Maria, Toni, Momo, Nina, Tina, Tim, Leo, Sara, Tom

- ▶ Schreibe die Wörter auf.
- ▶ Übermale bei jedem Wort den ersten Buchstaben.

Bens Familie

Ben, Mama, Oma Gabi, Opa Timo, Tante Anna, Papa, Tante Ute mit Waldi.

- ▶ Wie viele Personen hat diese Familie?
- ▶ Schreibe die Wörter auf. Übermale die großen Buchstaben rot. Es sind 12.

Abzählvers

Eins, zwei, drei – du bist frei.

▶ Sprich die Wörter des Abzählverses laut, und klatsche dazu.

Wörter haben Silben

Eine bewährte Methode zur Durchgliederung von Wörtern ist das gleichzeitige Sprechen und Klatschen der Silben. Lesen Sie die Wörter deutlich vor. Ihr Kind spricht die Wörter laut nach. Klatschen Sie dabei die Silben mit.

der, die, das

das Kind – die Kinder, die Mutter – die Mütter, die Tante – die Tanten, der Bruder – die Brüder

▶ Sprich die Wörter laut, und klatsche die Silben dazu.
▶ Schreibe die Wörter auf. Übermale die großen Buchstaben rot.

Wie viele Tiere sind es?

eine Ente, ein Hase, ein Hund, eine Katze, eine Kuh, eine Maus und zwei Enten, drei Hasen, vier Hunde, fünf Katzen, sechs Kühe, sieben Mäuse

▶ Hast du mitgezählt? Wie viele Tiere sind es zusammen?
▶ Schreibe die Wörter ab. Übermale die großen Buchstaben rot.
▶ Welche Wörter haben eine Silbe, welche haben zwei?

Welche Wörter reimen sich?

Nase, Hose, Hase, Haus, Rose, Maus, Blume, Schule, Weg, Brot, Kino, Buch

- Schreibe die Wörter auf.
- Lies die Wörter laut: Welche Wörter reimen sich?
- Übermale Wörter, die sich reimen, mit der gleichen Farbe.
- Welche Wörter bleiben übrig? Es sind 6.

Reime schreiben

Kinder sprechen gern Reime und reimen auch gern selbst. Für das Rechtschreiben haben Reimwörter den großen Vorteil, dass sie sich oft nur in einem Buchstaben voneinander unterscheiden.

Noch mehr Reimwörter!

leben, laufen, sagen, sagt, finden, machen, macht, gehen, geht
geben, kaufen, fragen, fragt, lachen, lacht, stehen, steht

- Schreibe die Wörter auf.
- Lies die Wörter laut. Welche reimen sich? Unterstreiche sie mit der gleichen Farbe.
- Ein Wort reimt sich mit keinem anderen. Wie heißt das Wort?

Alle sind beschäftigt

Timo malt das Auto blau an. Leo und Sara lesen ein neues Buch. Anne und Lisa rechnen.

- ▶ Schreibe die Sätze in Schönschrift ab.
- ▶ Übermale die großen Anfangsbuchstaben rot.

Großschreibung bei Satzanfängen

Das lernt Ihr Kind schon im ersten Schuljahr: Der erste Buchstabe in einem Satz wird immer großgeschrieben.

Neu in unserer Klasse

Sara ist neu bei uns. Sie geht gern in unsere Schule. Lesen und rechnen kann sie schon gut.

- ▶ Schreibe die Sätze ab.
- ▶ Übermale den Namen und das Namenwort rot.
- ▶ Übermale die Satzanfänge gelb.
- ▶ Bei welchem Wort ist der erste Buchstabe jetzt orange? Warum?

Das neue Buch

Tom hat ein neues Buch. In dem Buch sind große und kleine Bilder. Es gibt Hasen, Hunde und Katzen. Da ist auch eine Wiese mit Blumen.

- ▶ Schreibe die Sätze ab.
- ▶ Übermale die Satzanfänge gelb.

Das tun alle Kinder gern

reden, lachen, malen, hören, spielen, laufen,
ich rede, du lachst, sie malt, wir hören, ihr spielt,
sie laufen

▶ Welche Wörter gehören zusammen?
Schreibe sie so auf: reden: ich rede, ...

Kleinschreibung von Zeitwörtern

Die meisten Wörter schreiben wir klein.
Auch Zeitwörter schreiben wir mit
kleinem Anfangsbuchstaben: **r**eden,
lachst, **s**chreibt

In der Schule

Lea schreibt in ihr Heft:
Heute will ich lesen und schreiben.
Morgen male und rechne ich.

▶ Übermale die kleinen Anfangsbuchstaben
der Zeitwörter blau.

Timo malt

Timo malt ein Bild für seine Mutter.
Er sagt: Das sind die Augen, die Nase und der Mund.
Lisa fragt: Wo sind die Haare?

▶ Schreibe die Sätze in Schönschrift ab.
▶ Übermale die kleinen Anfangsbuchstaben
der Zeitwörter blau.

Das neue Auto

Unser Auto ist klein. Es ist grün.

▶ Schreibe die drei Eigenschaftswörter ab.
▶ Übermale die kleinen Anfangsbuchstaben blau.

Kleinschreibung von Eigenschaftswörtern

Die meisten Wörter schreiben wir klein. Auch Eigenschaftswörter schreiben wir mit kleinem Anfangsbuchstaben: **n**eu, **k**lein, **b**unten, **g**roßen.

Mein Ball

Ich habe einen bunten Ball. Der Ball ist groß.
Ich spiele morgen mit meinem großen, bunten Ball.

▶ Schreibe die Sätze ab.
▶ Übermale die kleinen Anfangsbuchstaben der vier Eigenschaftswörter blau.

Sieben Enten

Die eine Ente ist viel größer.
Sie ist braun und weiß.
Das ist die Mutter.
Sechs Enten sind klein und gelb.
Das sind die Kinder.

▶ Schreibe die Sätze ab.
▶ Übermale die kleinen Anfangsbuchstaben der fünf Eigenschaftswörter blau.

Hans, Hund und Maus

Ich kann aus Hans einen Hund machen.

Schau genau:
Han**s**, Han**d**, H**u**nd.

Und so wird aus der Maus ein Hund:
Maus, **H**aus, Ha**n**s, Han**d**, H**u**nd.

- Schreibe die Wörter mit *d* am Wortende ab.
- Übermale dieses *d* rot.
- Welche Wörter mit *d* am Ende kannst du verlängern? Sprich deutlich, und schreibe sie dann so auf: Hund – Hunde, …
- Welche beiden Wörter mit *d* am Ende bleiben übrig?

d am Wortende

Das d am Wortende wird eher wie t ausgesprochen. Der Fachbegriff dafür heißt „Auslautverhärtung“. Damit wir das d am Wortende deutlich hören können (und nicht aus Versehen t schreiben) hilft es, solche Wörter zu verlängern: Hun**d** – Hun**d**e, Sand – san**d**ig.

Einige Wörter kann man nicht verlängern, wie *und, wird, sind.* Diese Schreibweise muss man sich deshalb merken.

Reimen macht Spaß

Ein Hund
ist nicht rund.

Jedes Pfund
geht durch den Mund.

Der Wind, der Wind
ist vom Sturm das Kind.

Wie kommt die Hand
an die Wand?

In den Wald
kommt das Kind bald.

▶ Welche Wörter mit *d* am Ende kannst du verlängern?
Sprich deutlich, und schreibe so: Pfund – Pfunde, ...

1 Unsere Familie

Ich habe zwei **Brüder**, Leo und Simon. Unsere **Eltern** heißen Karin und Peter. Die **Schwester** meiner **Mutter** ist **Tante** Alina. Sie hat keine **Kinder**. Aber **Onkel** Martin und seine **Frau** Heidi haben eine kleine **Tochter**, Mia.

Meine **Oma** lebt auch noch. Sie ist 75 Jahre alt.

Weißt du, wie groß unsere Familie ist?

Wörteranzahl: 53

Namenwörter und Eigennamen

Die Namen für Menschen werden großgeschrieben:
Tante, Oma, Marie, Frau Himmel, Herr Sommer.

2 Ein toller Donnerstag

Der Donnerstag war für **Julia** ein toller Tag.

In der Schule gab ihr **Marie** einen kleinen Ring. Die alte **Frau Himmel** von nebenan kaufte ihr ein Eis. Bei **Herrn Sommer** kaufte sie ein Schreibheft. Von ihm bekam sie auch noch einen bunten Stift geschenkt. Und **Mutter** ließ sie mit **Niklas** ins Kino gehen.

Julia freute sich sehr.

Wörteranzahl: 57

3 Das neue Tierbuch

Sebastian liest ein neues Tierbuch. Er schaut sich zuerst die ersten Seiten mit den Inhalten an:

Warum fangen **Katzen** so gern **Mäuse**?
Wie alt wird ein **Hase**?
Wann schläft die **Eule**?
Warum rollen sich **Igel** zusammen?
Wie bewegt sich eine **Raupe**?

Wörteranzahl: 41

vorgelesen

diktiert

Namenwörter

Tiere, Pflanzen und Dinge haben Namen.
Namenwörter schreibst du immer groß:
Katzen, Hase, Gras, Blätter, Sonne, Teller.

4 Ein schöner Tag!

Heute scheint die **Sonne**! Die kleine Anna will ihren **Puppenkindern** eine Freude machen. Sie nimmt eine **Decke** und legt sie auf die **Wiese**.

Jede **Puppe** bekommt einen **Teller**. Es gibt gelbe **Äpfel** mit grünem **Gras**. Auch **Blätter** legt Anna dazu.

Nur Susi ist heute böse gewesen. Auf ihren **Teller** legt Anna zur Strafe eine **Zwiebel**. Fertig!

Wörteranzahl: 56

5 Gut gemacht!

Pauls bester Freund ist sein Hund Hero. **Er** ist noch ganz jung. **Jeden** Tag üben sie zusammen im Garten.

Paul nimmt einen Ball in die Hand. **Hero** sitzt und wartet, bis Paul zählt. **Eins**, zwei, drei! **Der** Ball fliegt in die Luft. **Schnell** bewegt sich der Hund. **Er** fängt den Ball mit seinem Maul.

Das hast du gut gemacht, Hero!

Wörteranzahl: 60

Satzanfänge

Zu Beginn eines neuen Satzes schreibst du den Anfangsbuchstaben immer groß: **Schnell** bewegt sich der Hund ... **Das** hast du gut gemacht ...

6 Da lachen ja die Hühner!

Oma **besucht** den kleinen Hanno. Am Abend **gähnt** Hanno laut mit offenem Mund. Oma **zeigt** ihm, wie man das richtig **macht**:

„Hanno, wenn ich **gähne**, dann **halte** ich mir die Hand vor den Mund."

„Aber das **muss** ich doch nicht **machen**! Mir **fallen** ja die Zähne nicht heraus", **antwortet** der kleine Hanno.

Wörteranzahl: 52

vorgelesen

diktiert

Zeitwörter

Zeitwörter schreibst du klein: **besucht, zeigen, machen.**

7 Wer lügt da?

Leon, Hanne und Oma spielen Mühle. „Oma, Leon **pfuscht**!“, **schreit** Hanne. „Das **stimmt** nicht!“, **brüllt** Leon. „Doch“, **beharrt** Hanne, „ich habe es gesehen!“

Da **schlägt** Leon seine Schwester. Die Oma **tadelt** ihn: „Ein Herr **schlägt** keine Dame.“ Leon **antwortet** ungerührt: „Und eine Dame **lügt** nicht.“

Wörteranzahl: 45

3. Person Einzahl

Zeitwörter in der dritten Person Einzahl haben immer ein t am Wortende: er **sieht,** sie **antwortet.** Du schreibst sie klein.

8 Ein schwieriger Einkauf

Mutter stöhnt **leise**. Lisa braucht **neue** Kleider. Nichts gefällt ihr.

„Diese Hose ist viel zu **kurz**. Und die andere ist mir zu **weit**. Ich mag **bunte** Blusen nicht! Die passen nicht zu meinen **roten** Haaren. Der Pulli ist am Hals zu **eng**, und der andere ist so komisch **hell**. Darf ich mir **blaue** Schuhe kaufen?“

Mutter macht ein **langes** Gesicht.

Wörteranzahl: 60

vorgelesen

diktiert

Eigenschaftswörter

Eigenschaftswörter schreibst du klein: **kurz, bunt, eng, hell.**

9 Paula und die Bienen

Paula war **wie** immer **viel** zu **neugierig**. **Sie** hatte auf einer **Wiese** einen **Bienenstock** gesehen. Begeistert **schrie sie** auf:

„Wenn man nah genug herangeht, **sieht** man **die Bienen fliegen**!“

„Und Paula wegrennen“, meinte Papa.

Und so war es auch. **Die Bienen** fühlten sich gestört und flogen auf Paula zu.

Sie hätte **die Tiere** in Ruhe lassen sollen.

Wörteranzahl: 57

Wörter mit ie

Das lang gesprochene *i* wird oft als *ie* geschrieben: **Wiese, fliegen, viel.**

10 Keine Lust

Mein bester Freund Tom wollte mit **mir** ins **Kino** gehen. „Es läuft ein toller Film über **Igel** und **Biber**“, sagte er.

Das muss ein langweiliger Film sein, dachte ich. **Tiger** oder Löwen, das hätte ich **mir** angeschaut.

Außerdem hatten **wir** einen heißen Tag. Da wollte ich nicht ins **Kino** gehen.

Wörteranzahl: 50

langes i ohne Kennzeichnung

Bei einigen Wörtern wird das lang gesprochene *i* nur mit *i* geschrieben: **mir, Tiger, Kino.**

11 Oma schimpft

Meine Oma schimpft:
„Gib deinem Bruder die Bauklötze zurück! Sie gehören **ihm**. Und gib deiner kleinen Schwester die Puppe zurück. Sie weint, wenn sie **ihre** Puppe nicht hat. Die Mama braucht deine Hilfe. Geh und hilf **ihr**!"

Hat Oma heute **ihren** schlechten Tag?

Wörteranzahl: 43

Wörter mit ih

Ganz wenige Wörter werden mit *ih* geschrieben.
Du lernst sie am besten auswendig:
ihm, ihn, ihnen, ihr, ihre, ihren, ihrem, ihrer.

12 Die Bahnfahrt

Familie Reuter will in die Ferien **fahren**. Anna freut sich auf die **Bahnfahrt**. Wie immer packen sie zu spät ihre Koffer. Jetzt müssen sie schnell zum **Bahnhof** rennen. Der Zug kommt, und sie springen hinein.

„Das war knapp", sagt Anna.

Aber Papa schaut ganz komisch und sagt: „Ich habe die **Fahrkarte** vergessen! Jetzt müssen wir bestimmt eine Strafe **zahlen**."

Wörteranzahl: 59

das Dehnungs-h

Das Dehnungs-*h* steht oft vor den Mitlauten
l, m, n oder *r:* **zahlen, zahm, Bahnhof.**

13 Ein sehr strenger Lehrer

Herr Müller ist ein **sehr** strenger **Lehrer**. Jeden Tag will er unsere Hausaufgaben anschauen. Er schreibt sich dann immer auf, wie viele **Fehler** wir gemacht haben.

Heute haben **zehn** Schüler aus unserer Klasse die Rechenaufgaben gar nicht dabei. Zur Strafe müssen sie bis morgen noch **mehr** Aufgaben rechnen!

Wörteranzahl: 48

das Dehnungs-h

Das Dehnungs-*h* steht oft vor den Mitlauten *l, m, n* oder *r:* **sehr, Lehrer, mehr; hohl, zahm, ohne, Uhr.**

14 Das Mittagessen

Auf dem Weg nach Hause schaue ich auf meine **Uhr**. Ich habe Hunger und will nicht zu spät zum Mittagessen kommen.

Hoffentlich gibt es nicht wieder **Huhn**. Das mag ich überhaupt nicht. Aber Mama ist streng. Was auf den Tisch kommt, müssen **Sohn**, Tochter und Vater essen. Sonst müssen wir **ohne** Mittagessen auskommen.

Wörteranzahl: 53

15 Ein langweiliger Tag

Tante Klara hatte uns zum **Tee** eingeladen. Wir saßen in einem großen **Saal**. Alles war sehr vornehm. Ich hatte mir extra die **Haare** föhnen müssen. Was für ein langweiliger Tag!

Da half nur noch eins. Ich schloss die Augen und träumte. Jetzt mit einem **Boot** auf einem **See** fahren oder im **Meer** schwimmen!

Wörteranzahl: 53

doppelte Selbstlaute

Bei manchen Wörtern werden die lang gesprochenen Selbstlaute verdoppelt: **Tee, Saal, Haar.**

16 Zu viele Fragen

Die ganze Familie sitzt vor dem **Fernseher** und will den Film über den Bauernhof **sehen**. Meine Schwester Lisa ist noch sehr klein und **versteht** nicht alles. Aber immer will sie dabei sein. Ständig muss sie sich **umdrehen** und Fragen stellen.

„Warum haben **Kühe** keine **Zehen**? Warum ist die Milch weiß?“

Das ist anstrengend*. Ich möchte gerne ohne sie **fernsehen**.

Wörteranzahl: 59

* darf buchstabiert werden

das gesprochene h

das gesprochene *h* zwischen zwei Selbstlauten hörst du deutlich: **Fernseher, sehen, verstehen.**

17 Am Strand

Ich stand am Strand und schaute den **Schiffen** zu. Weit draußen auf dem **offenen** Meer zogen sie ihre Bahnen.

Neben mir **pfiff** ein Mann seinem Hund. Er nahm ein Holzstück und warf es weit ins Meer hinein. Der Hund schwamm hinaus.

Hoffentlich schafft er es, den Stock zu holen!

Wörteranzahl: 49

vorgelesen

diktiert

Wörter mit ff oder mm

Die doppelten Mitlaute *ff* und *mm* stehen nur nach kurzen Selbstlauten: **Schiff, offen, Himmel, zusammen.**

18 Ein toller Sommertag

Heute war ein toller **Sommertag** mit einem ganz blauen **Himmel**. Ich ging **zusammen** mit meinen Freunden ins **Schwimmbad**. Wir **schwammen** viel und tobten herum.

Da **bekommt** man Hunger. Aber zu **dumm**, wir hatten nicht genug Geld **mitgenommen**. Das reichte nicht einmal für eine Portion* **Pommes**.

Wörteranzahl: 45

* darf buchstabiert werden

19 Die Sonne brennt

Mit meiner Schwester **Anna** spiele ich im Garten **Wettrennen**. Wir **rennen** zu den **Tannen** und **dann** wieder zurück. Heute will ich **gewinnen**. Wir schwitzen, **denn** die **Sonne brennt**.

Mutter ermahnt uns: „Ihr müsst euch eincremen*. Sonst bekommt ihr einen **Sonnenbrand**."

Vater hat eine andere Idee. Er nimmt die **Gießkanne** und spritzt uns nass.

Wörteranzahl: 53

* darf buchstabiert werden

Wörter mit nn oder pp

Die doppelten Mitlaute *nn* und *pp* stehen nur nach kurzen Selbstlauten: **Sonne, brennt, Suppe, Treppe.**

20 Der Unfall

Tim holt sich in der Küche einen Teller **Suppe**. Schnell will er damit in sein Zimmer. Er rennt die **Treppe** hoch. Seine **Kappe** rutscht ihm ins Gesicht.

Tim stolpert und fällt. Die **Suppe** läuft die **Treppe** hinunter. Er hat die **Puppe** seiner Schwester übersehen. Warum muss sie ihre Spielsachen auch immer auf dem Boden liegen lassen?

Wörteranzahl: 56

21 Der vornehme Herr Maier

Herr Maier war sehr vornehm. Beim Essen durfte kein **Geschirr klirren**. Langsam führte er seine Gabel zum Mund und **sperrte** ihn nur ein klein wenig auf.

Aber was passiert jetzt? Er verschluckt sich und hustet. Hastig sucht er sein Taschentuch. Dabei **zerrt** er an der Tischdecke. Jetzt liegt alles auf dem Boden. Und das schöne **Geschirr** ist zerbrochen.

Wörteranzahl: 58

Wörter mit rr

Die doppelten Mitlaute *rr* stehen nur nach kurzen Selbstlauten: **Geschirr, sperren.**

22 Auf dem Markt

Paula geht auf dem Markt einkaufen. Sie kauft ein **Pfund Pflaumen** und drei dicke **Pfirsiche**. Zum Schluss geht sie zum Kartoffelstand.

„Bitte fünf **Pfund** Kartoffeln, aber nicht so große. Ich darf nicht so schwer tragen."

„Willst du mich auf den Arm nehmen?", **schimpft** der Verkäufer. Paula lacht und geht **pfeifend** nach Hause.

Wörteranzahl: 52

Wörter mit pf

Bei Wörtern mit pf hilft am besten deutliches Sprechen: **Pflaumen, pfeifend.**

23 Wo darf ich kratzen?

Wie der **Blitz** rennt Noras neue **Katze** Wölkchen aus dem Wohnzimmer. Nora hatte gerade mit ihr geschimpft.

Denn Wölkchen hatte wieder an der Tapete **gekratzt**. Warum gibt es hier aber auch keinen **Kratzbaum**?

Irgendwo muss ich doch meine Krallen **wetzen**, denkt Wölkchen traurig. Dann **setzt** sie sich auf ihren **Lieblingsplatz**, auf die **Mütze** von Noras Bruder.

Wörteranzahl: 56

Wörter mit tz

Das tz steht nur nach kurzen Selbst- und Umlauten: **Katze, Mütze.**

24 Ausflug einer Schnecke

Heute Nachmittag hat Maya einen Blumenstrauß **gepflückt**. Nun **schmückt** sie den Tisch in der Küche. Wie schön!

Später entdeckt ihr Bruder Jan eine kleine **Schnecke** auf dem Tisch. Vor **Schreck** hätte er sich beinahe **verschluckt**. Sie hatte wohl auf einem Tulpenblatt gesessen und nun einen kleinen Ausflug gemacht. Jan trägt sie vorsichtig in den Garten **zurück**.

Wörteranzahl: 56

Wörter mit ck

ck steht nur nach kurzen Selbstlauten: **Schnecke, zurück.**

25 Paul, der Superstar

Paul gibt **laut** damit an,
was er alles kann:

Er kann lesen, **schreiben**, malen,
kennt sich **aus** mit großen Zahlen.

Er kann **schreiben**, **zeichnen**, **bauen**
und im Garten Äpfel **klauen**.

Er kann über **Steine** springen
und **heimlich** freche Lieder singen.

Er kann **laut** die Meinung sagen
und sich dann wieder vertragen.

Er ist klug und **weise**.
Doch manchmal **weint** er **leise**.

Wörteranzahl: 61

au oder ei

au und *ei* nennt man Doppellaute. Sie bestehen aus zwei Selbstlauten. Deutliches Mitsprechen hilft dir beim Schreiben: **laut, leise.**

26 Aus der Traum!

Nora liegt im Gras und **träumt**. Sie kann fliegen und die Welt von oben sehen. **Häuser**, **Bäume**, **Sträucher**, **Zäune**, Menschen und Tiere sind ganz klein.

Plötzlich – ein **Geräusch**! Nora wacht auf und ballt ihre **Fäuste**. Ein **Räuber**? Nein! Es ist ein **Mäuschen**. Es schaut Nora ängstlich an. Dann **läuft** es schnell weg. Sicher hat es Angst vor dem **Käuzchen**.

Wörteranzahl: 59

Wörter mit äu

Wörter mit *äu* haben meistens verwandte Wörter mit *au*: **träumt – Traum, Häuser – Haus.**

27 Verlaufen

Das **Bärenkind** lief von **Baum** zu **Baum**. Wo war nur seine Mutter? Ihm wurde ganz **bange**. Warum war es **aber** auch von ihr weggegangen?

Da hörte es ganz in der Nähe seine Mutter **brummen**. Wie schön! Sie **begrüßte** ihr Kind mit freudigem Lecken*. Dann kuschelten sie sich eng aneinander und **verbrachten** die Nacht zusammen in ihrer Höhle.

Wörteranzahl: 57

* darf buchstabiert werden

Wörter mit b oder bl

Bei Wörtern mit *b* oder *bl* hilft dir oft deutliches Sprechen. Besonders hilft dir das leise Mitsprechen beim Schreiben: **bange, Baum; bleiben, blass.**

28 Vor der Schule

Ein wenig **blass** sitzt Linda am Küchentisch.
Sie **blättert** lustlos in einem Buch, **blickt** ihre Mutter an und fragt: „Darf ich heute zu Hause **bleiben**?"
„Aber warum denn?"
„Weil ich heute auf der **Blockflöte** vorspielen soll."
„Dann schließ doch einfach die Augen, und stell dir vor, dass du mir etwas vorspielst."
„Prima, das mache ich!"

Und schon war Linda weg.

Wörteranzahl: 60

29 Grippe – ja oder nein?

Herr **Held** steht mit seinem **Kind** und seinem **Hund** im Buchladen. Er sucht in den langen Regalen nach Büchern. Das da könnte **spannend** sein, denkt er und geht zur Kasse. Dort steht **hustend** und **niesend** ein junger Verkäufer.
„Haben Sie Grippe?", fragt Herr **Held** freundlich.
„Bitte?"
„Ob Sie Grippe haben!"
„Von welchem Autor soll das denn sein?"

Wörteranzahl: 57

d am Wortende

Bei Wörtern mit *d* am Wortende hilft dir deutliches Sprechen und auch das Verlängern der Wörter: **Hund – Hunde, spannend – spannende.**

30 Die alte Vase

Felix spielte gestern **früh** im Wohnzimmer seines **Freundes Florian** mit dem Ball. Der **flog** gegen eine schöne, große Vase. Die Vase **fiel** um und zerbrach in mehrere Stücke.
„O weh, die Vase war schon sehr alt!", **rief Florian**.
Felix atmete **auf** und sagte: „Ach, wie gut! Ich dachte schon, sie sei ganz neu."

Wörteranzahl: 53

Wörter mit f

Der *f*-Laut wird meistens als *f* geschrieben: **flog, fiel.** Aber es gibt auch Wörter mit *v*, die wie *f* gesprochen werden: **vor, vielleicht.**

31 Mahlzeit!

Die Sterne und der Mond **leuchteten**, als die **Eule** aus der **Scheune** flog. Sie kreiste über dem **Heu**. Dann flog sie am **Steinkreuz** vorbei in den Wald.

Es dauerte nicht lange, bis sie mit fetter **Beute** nach Hause zurückkam. Ihre **Eulenkinder freuten** sich sehr über die leckere Mahlzeit.

Wörteranzahl: 48

Wörter mit eu

Wörter mit *eu* haben keine Verwandten mit *au:* **Scheune, Beute.**

32 Hilfe, ein Gespenst!

Ute und **Jutta zelteten** auf der Weide neben ihrem **Garten**. Sie **spielten unter** der **Tanne** am Bach, bis es dunkel wurde. Als sie zu ihrem **Zelt** zurückkamen, **schaute** eine Kuh heraus.

Ute dachte, es sei ein **Gespenst**. Schreiend **rannte** sie zu ihrem **Garten**, **kletterte** über den Zaun und lief ins Haus hinein.

Sie **hörte** nicht mehr, wie **Jutta laut lachte**.

Wörteranzahl: 60

Wörter mit t

Bei Wörtern mit *t* hilft deutliches Sprechen und das leise Mitsprechen beim Schreiben: **lachte, Garten.**

33 Aufregung im Schullandheim

Es **ist Nacht**. Zu dieser **Zeit** schlafen **fast** alle Kinder tief und **fest**. Plötzlich **wacht** Tim auf!

Er **hat** vor dem Fenster ein **Licht** gesehen. Ein **Gespenst**! Tim **schreit laut**. **Jetzt** kann **fast** niemand mehr schlafen. **Aufgeregt** laufen die Kinder zum Zimmer ihres Lehrers. Er **öffnet** gerade die Haustür und **grinst**. War er der **Geist**?

Wörteranzahl: 55

t am Wortende

Am Wortende klingen *t* und *d* sehr ähnlich. Verlängere die Wörter! Dann weißt du, ob du *t* oder *d* schreiben musst: **Nacht – Nächte, laut – lauter.**

34 Englischunterricht

„Im kommenden Schuljahr wirst du Englisch lernen, Jonas", erklärt der Vater stolz. „Freust du **dich** darauf?"

„**Ich** weiß **nicht**. Das ist **sicher nicht leicht**. Ich spiele lieber", antwortet Jonas.

„Aber Jonas, Englisch **spricht** doch die halbe Welt", erklärt der Vater **freundlich**.

„Na eben", meint Jonas, „**reicht** das denn **nicht**?"

Wörteranzahl: 49

Wörter mit ch

Deutliches Sprechen hilft dir auch bei den Wörtern mit *ch:* **sicher, nicht.**

35 Ohne mich!

Im Zirkus wollte Rudolfo einem kleinen **Lerndrachen** Kunststücke* beibringen. Er befahl ihm: „**Dreh** dich im Kreis! Zähle bis **drei**! Bleib **draußen** vor der Tür! Wackle mit dem Schwanz!“

Aber der kleine **Lerndrache** lachte nur, schlug **dreimal** mit seinen Flügeln und flog davon ins **Drachenland**.

Wörteranzahl: 44

* darf buchstabiert werden

Wörter mit dr

Bei Wörtern mit *dr* ist deutliches Sprechen sehr wichtig, damit du das *r* nicht vergisst: **drei, Drachen.**

36 Wohnt hier etwa ein Zwerg?

Am **Sonntag ging** Familie **Pfennig** wandern.
Ein schmaler **Weg** führte sie hoch auf einen **Berg**.
Dort standen die Reste einer alten **Burg**.

Der mächtige **Zweig** eines Baumes verdeckte eine Höhle. Aber der kleine Simon entdeckte sie doch. Ob hier vielleicht ein **Zwerg** wohnt?

Wörteranzahl: 43

g am Wortende

Wenn du unsicher bist, ob du bei Wörtern mit *g* am Wortende *g* oder *k* schreiben sollst, dann verlängere. Das hilft dir:
Burg – Burgen, Berg – Berge.

37 Die schöne Torte

Kurt hat **Geburtstag**. Im **Garten** steht der Kaffeetisch mit einer herrlichen **Torte** und **wartet** auf die Gäste.

Da es noch früh ist, spielt **Kurt** mit seinem Freund **Bert** Fußball. **Kurt** ist der **Torwart**. Leider kann er den besonders guten Schuss von **Bert** nicht auffangen.

Der Ball fällt mitten auf die **Torte**.
O weh!

Wörteranzahl: 53

Wörter mit rt

Bei Wörtern mit *rt* hilft dir vor allem deutliches Sprechen. Leises Mitsprechen beim Schreiben ist gut: **Torte, sofort.**

38 Krank oder nicht krank?

Alex liegt im Bett. Ob er **krank** ist? Heute früh hatte er noch Bauchweh gehabt. Er wollte nichts essen und **trinken**. So kam seine Mutter auf den **Gedanken**, ihn ins Bett zu stecken.

Wie **dunkel** und langweilig es in seinem Zimmer ist! Morgen würde er bestimmt kein Bauchweh haben. **Flink** holt er sich ein Buch aus dem **Schrank**.

Wörteranzahl: 58

Wörter mit nk

Wenn du deutlich sprichst, kannst du hören, ob ein Wort mit *nk* oder mit *ng* geschrieben wird: **krank, flink, Junge.**

39 Böse Worte

Florians Opa hat einen Papagei. Er heißt Maxi. Maxi **flitzt** am liebsten **Fliegen** hinterher. Heute aber **flattert** er in dem großen Käfig herum und **flucht** laut.

Florians Oma ruft: **„Florian**, hast du dem Tier diese bösen Worte beigebracht?“

„Ich habe ihm nur gesagt, was er nicht sagen soll“, **flüstert Florian** vor sich hin.

Wörteranzahl: 53

Wörter mit fl

Bei Wörtern mit *fl* hilft dir deutliches Sprechen: **flüstert, flucht.**

40 Ein Nashorn zum Anfassen

Barbara schreibt in einem Diktat das **Wort Nashorn** klein. Die **Lehrerin** meint: „Habe ich euch nicht schon **hundert** Mal gesagt, dass alles großgeschrieben* **wird**, was man anfassen kann?“

Barbara staunt: „Ja, **darf** man denn ein **Nashorn** anfassen?“

Wörteranzahl: 37

* darf buchstabiert werden

r nach einem Selbstlaut

Wörter mit *r* solltest du immer deutlich sprechen. Sonst vergisst du nach einem Selbstlaut schnell das *r* beim Schreiben: **darf, Nashorn.**

41 Leckerbissen für die Ziegen

Langsam ging der alte **Wolfgang** zum Stall hinüber. Er wollte seine **Ziegen begrüßen**. Das tat er jeden **Morgen**. Und er tat es immer **gern**.

Heute brachte er ihnen **einige** Möhren und Salatblätter. Als er sie ihnen **zeigte**, **sprangen** sie sofort **gierig** an der Stallwand hoch und fraßen ihm die Sachen aus der Hand. Was er ihnen wohl **morgen bringen** wird?

Wörteranzahl: 60

Wörter mit g

g hört sich manchmal wie *k* an: **zeigte.**
Deutliches Sprechen hilft hier nicht immer. Sammle *g*-Wörter aus deinem Lesebuch und Sprachbuch. Lies sie laut, und präge sie dir ein. Wörter, die dir besonders schwerfallen, übst du am besten mit dem Karteikasten.

42 Wo ist die Brille?

Gestern suchte mein **Bruder** seine **Brille**. Er suchte sie hinter unserem **braunen** Sessel, neben dem **breiten** Sofa und unter dem **Briefpapier**. Aber er fand sie nicht. Schließlich **brüllte** er vor Wut.

Doch dann hörte ich ihn laut lachen. Sie war die ganze Zeit auf seiner Nase gewesen. **Bravo**, **Bruderherz**!

Wörteranzahl: 49

Wörter mit br

Auch bei den *br*-Wörtern hilft dir deutliches Sprechen: **braun, brüllte.**

43 Schräge Vögel

Im zweiten Schuljahr gibt es **viele** Kinder, die ein Instrument spielen. Jeden Tag üben sie auf dem **Klavier**, der **Violine** oder Flöte. Zu **Karneval** wollten sie sich als schräge **Vögel verkleiden** und lustige Lieder **vorspielen**. Ein **Vater** half bei den Proben. Als sie in ihren Kostümen **vor** den Zuschauern auftauchten, mussten alle so lachen, dass die Musik wirklich schräg klang.

Wörteranzahl: 60

Wörter mit v

Manchmal wird *v* wie *f* gesprochen **(Vögel, viele)** und manchmal wie *w* **(Klavier, Violine).** Dafür gibt es leider keine Regel. Merke dir diese Wörter gut.

44 Lukas liebt Pflaumen

Im Schulgarten hat jede Klasse ihr eigenes Beet. Da können die Kinder **pflanzen**, was sie wollen. Sie müssen ihr Beet **pflegen**. Die zweite Klasse hat einen **Pflaumenbaum gepflanzt**. Er ist noch klein. Lukas will schon eine Leiter besorgen. Er möchte die erste **Pflaume pflücken**. Hoffentlich fällt er nicht von der Leiter! Sollte er sich nicht auch schon ein **Pflaster** besorgen?

Wörteranzahl: 60

Wörter mit pfl

Wenn viele Mitlaute hintereinanderstehen, musst du beim Schreiben besonders deutlich mitsprechen: **gepflanzt, Pflaume.**

45 So ein Nebel!

Heute ist es sehr **neblig**. Es ist **schwierig**, die Piste zu erkennen. Die Skilehrerin kennt viele **lustige** Übungen. **Mutig** bleiben alle Kinder hinter ihr. Sie üben **fleißig** und lachen viel. So finden alle den **richtigen** Weg.

Wörteranzahl: 36

die Nachsilbe -ig

Wörter mit der Nachsilbe *-ig* sind Eigenschaftswörter. Die Endung kannst du ganz deutlich hören, wenn du das Wort verlängerst: **lustig – lustiger.**

46 Ein Geschenk

Die **Zwillinge** Susi und Mark haben **zwei** kleine Ziegen geschenkt bekommen. Es sind **Zwergziegen**. Sie leben im Garten hinter dem Haus. Dort können sie auf Steinen klettern und in einem Stall schlafen.

Susis Ziege ist weiß und heißt **Zwieback**, weil sie gerne **Zwieback** knabbert. Marks Ziege ist schwarz und heißt Max. Sie ist etwas größer als **Zwieback**.

Wörteranzahl: 57

Wörter mit zw

Bei Wörtern mit *zw* hilft dir deutliches Sprechen: **zwei, Zwieback.**
Leises Mitsprechen beim Schreiben verhindert, dass du das *w* vergisst.

47 Ein kleiner Unfall

Am letzten Schultag im **März** wanderte die 2b durch den Wald.

Klaus und Lena liefen allen voran. Doch da **stürzte** Klaus über eine **Wurzel**. **Kurz** darauf stand er schon wieder auf seinen Beinen. Aber er hatte große **Schmerzen** im linken Fuß.

Auf der weiteren Wanderung musste er sich dumme **Scherze** wegen seines **Sturzes** anhören. Aber er lachte nur darüber!

Wörteranzahl: 59

Wörter mit rz

Deutliches Sprechen hilft dir sehr bei *rz*-Wörtern. Dann vergisst du nicht das *r* vor dem *z:* **März, kurz.**

48 Abgetaucht

Mit **Schwung springt** Elias in das Meer. Der **Junge** taucht und bleibt **lange** unter Wasser. Seinem Vater wird schon ganz **bange**. Da taucht Elias wieder auf. Hurra!

Wörteranzahl: 27

ng oder nk?

Wenn du deutlich sprichst, kannst du hören, ob ein Wort mit *ng* oder *nk* geschrieben wird: **Junge, bange, Tankstelle.**

49 Der Sturm

In **der** Nacht tobte ein heftiger Sturm. Er schüttelte **die** Bäume, rüttelte an **den** Fensterläden und fegte **die** Blätter von **den** Bäumen. Jana zog sich **die Decke** über **den** Kopf.

Aber **dann** hat der Sturm sogar **das Dach** von Janas Kuhstall weggeweht. **Da** waren alle plötzlich wach.

Nun ist es **draußen** still. **Der** Sturm ist vorbei.

Wörteranzahl: 57

d am Wortanfang

Bei Wörtern mit *d* am Wortanfang hilft dir deutliches Sprechen. Sprich beim Schreiben am besten leise mit: **Decke, der, Dach.**

50 Das wünsche ich mir

In jedem **Land** soll Frieden sein.
Jedes **Kind** soll genug zu essen haben.
Die **Luft** soll sauber sein.
Der **Wald** darf nicht sterben.
Mein **Freund** soll glücklich sein.
Einmal am **Tag** möchte ich ein **Lob** hören.

Wörteranzahl: 36

d/t, b/p oder g/k am Wortende

Ob ein Wort am Ende mit *d* oder *t*, mit *b* oder *p*, mit *g* oder *k* geschrieben wird, kannst du hören, wenn du es verlängerst: **Land – Länder, Lob – loben, Tag – Tage.**

51 Unser Schäferhund Rex

Rex, unser Schäferhund, findet es **herrlich**, wenn wir durch den Wald laufen. Am meisten liebt er den **herbstlichen** Wald, wenn das Laub fällt. Da gibt es für ihn **reichlich** zu schnuppern und zu entdecken.

Rex ist dann richtig **glücklich**.

Wörteranzahl: 39

die Nachsilbe -lich

Mit der Nachsilbe *-lich* kannst du Eigenschaftswörter bilden: **herr + lich = herrlich.**
Eigenschaftswörter schreibst du klein.

52 Der starke Max

Es ist **Pause**. **Lisa** will gerade **lesen**.
Da kommt Max. Er ist der Stärkste in der Klasse und der beste Fußballspieler. **Lisa** bewundert Max.

Leise setzt er sich neben **sie** und fragt: „Kannst du mir helfen? Du kannst doch **so** gut **lesen**." Lisa strahlt: „Natürlich, gerne."

Seit diesem Tag üben die beiden **zusammen**. Und Max wird immer besser.

Wörteranzahl: 58

das stimmhafte s

Das stimmhafte (gesummte) *s* wird immer als einfaches *s* geschrieben. Man spricht es vor einem Selbstlaut, wie bei **Ilse** oder zwischen zwei Selbstlauten wie bei **Pause** und **lesen.**

53 Zu viel Sonne

Es ist ein warmer Sommertag. Tobias geht eine einsame **Straße** entlang. Ihm ist sehr warm. Es wird immer **heißer**. Da kommt ein schwarzes Ungeheuer auf Tobias zu und will ihn **beißen**. Das findet er gar nicht **spaßig**! Er will es **wegstoßen**. Doch da sieht er, wie die **Füße** des Ungeheuers **größer** und **größer** werden.

Zum Glück wacht er auf.

Wörteranzahl: 59

vorgelesen

diktiert

Wörter mit ß oder ss

Nach langem Selbstlaut und Doppellaut wird der stimmlose (gezischte, scharfe) *s*-Laut meistens als *ß* geschrieben: **Straße, beißen.**
Nach kurzem Selbstlaut wird der stimmlose *s*-Laut meistens als *ss* geschrieben: **wissen, musst.**

54 Himmelsrichtungen bestimmen

Du kannst auch ohne **Kompass** bei Sonnenschein die Himmelsrichtung feststellen. Das **wissen** nicht viele Leute. Dazu brauchst du eine Armbanduhr. Du **musst** den Stundenzeiger auf die Sonne richten. Dann halbiere in dem kleineren Feld den Winkel bis zur 12. Diese Linie weist nach Süden.

Ich hoffe, du wirst das nicht **vergessen**.

Wörteranzahl: 51

55 Anne und das Meerschweinchen

Anne stürmt in die Klasse. „Ich habe ein **Meerschweinchen**!“ Es hat **schwarze** Augen. Den kleinen **Schwanz** kann man unter dem buschigen Fell nicht sehen. Alle Kinder wollen es streicheln. Mit **Schwung** setzt Anne das **Meerschweinchen** auf das Pult.
Doch da! Es **verschwindet** unter einem Regal.

Es ist **schwierig**, das kleine Tier wieder einzufangen.
Mit einem Apfelstückchen gelingt es Anne.

Wörteranzahl: 59

Wörter mit schw

Wenn viele Mitlaute hintereinanderstehen, erleichtert dir deutliches Mitsprechen das Schreiben:
Schwanz, schwarz, schwierig.

56 Lea spinnt doch nicht!

Lea macht die Schule **Spaß**. Am liebsten hat sie **Sport**.
Heute machen sie ein **Spiel**. Dabei müssen die Kinder wie **Spinnen** laufen. Es ist ein **spannender** Wettkampf.
Wer wird gewinnen? Lea ist an der Reihe.
Aber was macht sie? Sie **springt** wie ein Löwe.
„Ich habe Angst vor **Spinnen**!“, ruft sie.
Die Lehrerin ist **sprachlos**, die Kinder lachen.

Wörteranzahl: 58

Wörter mit sp

Du hörst *schp*, aber du schreibst *sp*: **Sport, springt.**
Merke dir folgenden Tipp: Vor *p* und *t* steht niemals *sch!*

Trennen nach Sprechsilben

Wörter, die zwei Silben haben, kannst du zwischen ihren Sprechsilben trennen. Sprich die grünen Wörter deutlich, und klatsche dabei: **Eu-le, ei-ne, Schul-tag, Mut-ter.**
Trenne die farbig markieren Wörter der Diktate 57 – 62 selbstständig.

57 Die Eule und das Eis

Eine **Eu-le** kommt in ein Eiscafé*. Dort fragt sie nach **ei-nem** Bananeneis. Sie isst das Eis und dann den Teller ganz auf. Den Löffel lässt sie **lie-gen** und geht **wie-der**.

Zwei andere **Eu-len** schauen zu. Da sagt die **ei-ne**: „Sehr **ko-misch**!“

Die andere antwortet: „Das finde ich auch. Der Löffel schmeckt doch am besten!“

Wörteranzahl: 54

* darf buchstabiert werden

58 Das Zeugnis

Fröhlich kommt **Nik-las** am letzten **Schul-tag** nach Hause. Endlich Ferien! Er zieht sich um und will gleich **schwim-men** gehen.

„Na?“, fragt seine **Mut-ter** erstaunt. „Habt ihr heute keine Zeugnisse bekommen?

„Doch!“, antwortet **Nik-las mun-ter**. „Aber ich habe meines **An-na** geliehen. Die will **näm-lich** ihre **El-tern** mal so richtig erschrecken!“

Wörteranzahl: 49

59 Au weia!

Der **Leh-rer** will seinen Schülern einen Witz **er-zäh-len**:

Ein Fuchs und zwei **Hüh-ner fah-ren** gemeinsam ins Restaurant*. Die Hühner **wäh-len** ein Essen aus und bestellen: „Wir **neh-men** zweimal grüne **Boh-nen**."

Da zeigt der Fuchs lachend seine spitzen **Zäh-ne** und sagt: „Und ich hätte gern zweimal **Sah-ne** auf die **Hüh-ner**!"

Wörteranzahl: 49

* darf buchstabiert werden

Trennen bei Dehnungs-h

Wenn du Wörter trennst, bleibt das Dehnungs-*h* immer bei dem dazugehörenden Selbstlaut oder Umlaut: **neh-men, Hüh-ner.**

60 Das macht die Familie am liebsten

Sarah trägt gern bunte Bänder in ihren **Haa-ren**. Lucas fährt oft mit schnellen **Boo-ten**. Sophie isst am liebsten **Erd-bee-ren** mit Sahne. Mutter freut sich besonders über **lee-re** Mülleimer. Vater stellt sich immer morgens auf die **Waa-ge**. Oma arbeitet gern in den **Ge-mü-se-bee-ten** im Garten. Opa hat viele Arten von **Moo-sen** gesammelt.

Wörteranzahl: 51

Trennen bei doppelten Selbstlauten

Die doppelten Selbstlaute *aa*, *ee* und *oo* bleiben beim Trennen immer zusammen: **Haa-re, Bee-ren, Moo-se.**

61 Arme Laura!

Was ist denn **heu-te** nur los? **Lau-ra** hat Fieber und hustet. Sie jammert leise. Ab ins Bett mit dir!

Mutter will ihr eine **Freu-de** machen. Sie fährt mit dem **Au-to** in die Stadt. Dort kauft sie **teu-re Trau-ben** für vier **Eu-ro** und fährt schnell wieder nach **Hau-se**. **Lau-ra** wird sich bestimmt **freu-en**!

Wörteranzahl: 52

Trennen bei eu, au, ei, äu

Wenn du Wörter trennen musst mit zwei Selbstlauten, die aufeinanderfolgen, bleiben die beiden Selbstlaute immer zusammen:
heu-te, Trau-ben, fei-ne, Häu-ser.

62 Eine sehr kurze Reise

Zehn **Mäu-se** gehen auf **ei-ne Rei-se**. Sie ziehen **fei-ne Klei-der** an und packen ihre Rucksäcke. Vierzig **Bei-ne** stecken in braunen Stiefeln. Um jedes Schwänzchen wird eine **Schlei-fe** gebunden.

Die **Mäu-se** huschen **lei-se** aus ihren **klei-nen Häu-sern** in den Garten.

Doch da – ein Schatten auf der Gartenmauer!
Die Katze! Alle **schrei-en** auf und suchen Schutz im **Kräu-ter-beet**. Ende der Reise!

Wörteranzahl: 59

Punkt

Am Ende eines Aussagesatzes steht ein Punkt: Tom lag im Bett. Setze bei den folgenden Diktaten die Satzzeichen selbstständig.

63 Eine schlaflose Nacht

Tom lag im Bett. Der Mond schien durch das Fenster. Der Vorhang bewegte sich. An der Wand waren komische Schattenspiele. Von draußen kam ein Geräusch.

Tom kroch tiefer unter seine Decke. Mama hatte doch Recht*. Der Film mit den furchtbaren Wesen aus dem Raumschiff war zu aufregend gewesen. Morgen würde er lieber einen lustigen Film anschauen.

Wörteranzahl: 56

* *recht haben* ist auch richtig

64 Warum? Warum? Warum?

„Warum muss ich mein Zimmer aufräumen?"

Mein kleiner Bruder stellte heute wieder viele Fragen. „Warum haben wir ein rotes Auto? Wieso bekomme ich keine Katze? Wohin geht die Sonne schlafen? Wer hat meine Bauklötze versteckt?" So ging das die ganze Zeit.

War ich früher auch so gewesen? Sicher nicht, ich bin bestimmt schon schlau auf die Welt gekommen.

Wörteranzahl: 58

Fragezeichen

Am Ende eines Fragesatzes steht ein Fragezeichen. Häufig beginnen Fragesätze mit Fragefürwörtern: Warum? Wieso? Wohin? Wer? Warum muss ich mein Zimmer aufräumen?

65 Hausaufgaben vergessen!

„Oh, ich habe meine Hausaufgaben vergessen!“, rief ich. Mit einem unschuldigen Gesicht versuchte ich meine Lehrerin anzuschauen. Sie schaute mich böse an. Mit lauter Stimme rief sie: „Ach was, das ist ja ganz neu! Das ist ja fast noch nie vorgekommen!“

„Oje“, meinte mein Nachbar, „in deiner Haut möchte ich jetzt nicht stecken!“

Wörteranzahl: 53

Ausrufezeichen

Am Ende eines Ausrufesatzes setzt du ein Ausrufezeichen:
Oh, das habe ich vergessen!

66 Der runde Geburtstag

Am Sonntag feiert **Oma** ihren sechzigsten **Geburtstag**. **Alle** helfen kräftig mit, damit es ein schönes **Fest** wird.

Opa trägt **Tische** und **Stühle** in den **Garten**. **Mama** deckt den **Tisch** mit dem guten **Geschirr**. **Tante Bea** legt neben jeden **Teller** eine weiße **Rose**. **Papa** holt die **Musikanlage** und sorgt für flotte **Musik**. **Und** ich? **Ich** blase **Luftballons** auf. **Die** werden dann an **Bäume** und **Sträucher** gehängt.

Jetzt aber schnell, **Oma** kommt schon aus dem **Haus**. **Nun** kann das **Fest** losgehen!

Wörteranzahl: 79

Satzanfänge und Namenwörter

Großgeschrieben werden
- Satzanfänge: **Am** Sonntag feiert Oma ...
- Namenwörter: Menschen **(Oma, Tante)**, Tiere **(Katze)**, Pflanzen **(Rose)** und Dinge **(Tisch)**.
- Eigennamen **(Bea, Frau Kaiser)**.

67 Glück im Unglück

In fünf Minuten beginnt der Unterricht! Felix muss sich beeilen, sonst gibt es **Ärger** mit Frau Kaiser. Schnell saust er über die Straße, da passiert das **Unglück**: Reifen quietschen, Felix schreit auf und stürzt. Das Auto hält an, und ein Mann steigt aus. Er hat **Mitleid** mit Felix: „Zum **Glück** ist dir nichts passiert!“

Felix hat einen riesigen **Schreck** bekommen und geht mit hängendem Kopf weiter. Er weiß genau, wer an der ganzen Sache schuld ist.

Wörteranzahl: 76

vorgelesen

diktiert

gedachte Dinge

Auch gedachte Dinge werden großgeschrieben.
Das können z. B. Gefühle sein: **Glück, Ärger.**

die Nachsilben -ung, -nis-, -heit, -keit, -schaft

An den Nachsilben *-ung, -nis, -heit, -keit* und *-schaft* erkennst du Namenwörter: **Meinung, Zeugnis, Wahrheit.** Sie werden immer großgeschrieben.

68 Zeugnis für Herrn König

Vor den Sommerferien erhält Herr König von seinen Schülern eine **Beurteilung**:

Frechheiten konnte Herr König gar nicht leiden, das hat er uns gleich in aller **Freundschaft** gesagt. Wenn es zu Streit kam, hat er sich geduldig unsere **Meinung** angehört. Für ihn war **Gerechtigkeit** ganz wichtig, und er hat fast immer die **Wahrheit** herausgefunden. Herr Königs Unterricht war ein echtes **Erlebnis**: Mit viel **Spannung** erzählte er Geschichten und lobte unsere **Ergebnisse**.

Wir geben Herrn König als Lehrer die Note eins!

Wörteranzahl: 79

69 Ein Liebesbrief?

Hallo Lara!

Du bist sicher überrascht, dass **du/Du** heute einen Brief von mir bekommst. Ich muss **dir/Dir** dringend schreiben. Ich möchte **dich/Dich** nämlich einladen. Hast **du/Du** diese Woche Lust, mit ins Freibad zu gehen? Frag doch **deine/Deine** Eltern, ob es klappt. Wir können ja dort zusammen ein Eis essen.

Vielleicht hast **du/Du** schon gemerkt, dass ich beim Unterricht oft zu **dir/Dir** rüberschauen muss. Ich mag **dich/Dich** nämlich richtig gern.

Schreib mir doch zurück.

Dein Alex

Wörteranzahl: 75

Anredefürwörter bei vertrauten Personen

Die Anredefürwörter *du, ihr, dein, euer* und die verschiedenen Formen wie *dich, euch* können in Briefen an vertraute Personen klein- oder großgeschrieben werden: Hast **du/Du** diese Woche Lust ... ? Ich möchte **dich/Dich** einladen.

die höfliche Anrede

Die höfliche Anrede Sie und die passenden Anredefürwörter *Ihr, Ihnen* ... werden in Briefen großgeschrieben: Erfinden **Sie** alles selbst?
Alles Gute wünscht **Ihnen** ...

70 Lieber Janosch!

Hier schreiben **Ihnen** zwanzig eifrige Leseratten! Wir sind Kinder aus der dritten Klasse und lesen im Unterricht gerade **Ihre** Bücher. Bär, Tiger und Tigerente finden wir einfach spitze! Wir haben eine Menge Fragen an **Sie** und haben hier die wichtigsten aufgeschrieben: Woher bekommen **Sie** die Ideen für **Ihre** Geschichten? Erfinden **Sie** alles selbst? Haben **Sie** eine Lieblingsgeschichte?

Es wäre toll, wenn **Sie** uns bald zurückschreiben!

Alles Gute und viele neue Ideen wünscht **Ihnen**

die 3a

Wörteranzahl: 76

substantivierte Zeitwörter nach *das*

Zeitwörter werden großgeschrieben, wenn der bestimmte Begleiter *das* davorsteht: **das Turnen, das Werfen.**

71 Das Sportfest

Am Samstag findet das große Sportfest der Grundschule Talheim statt. Aufgeregt steht Nele bereit, jetzt ist sie an der Reihe. **Das Turnen** am Stufenbarren findet sie besonders schwierig, aber es klappt gut. Nun kommt **das Klettern** an der Sprossenwand und **das Schwingen** an den Tauen.
Alles meistert Nele ohne Schwierigkeiten. Zum Schluss erwartet sie noch **das Werfen**. Geschafft!
Nach einer kurzen Pause folgt **das Ausrufen** der Sieger. Nele jubelt laut: Sie hat sich eine Siegerurkunde erkämpft!

Wörteranzahl: 76

vorgelesen

diktiert

72 Süße Mäuse

Nimm ein Päckchen rohes Marzipan, und gib fünf Esslöffel Puderzucker dazu. **Beim Verrühren** in einer Schüssel entsteht daraus eine glatte Masse. Brich kleine Stücke von der Masse ab, und knete Mäuschen daraus. Achte **beim Formen** darauf, dass das eine Ende spitz und das andere Ende rund wird. In den Mäusekopf drückst du zwei Rosinen als Augen und zwei Mandeln als Ohren. Für das Schwänzchen nimmst du eine dünne Nudel.

Viel Spaß **beim Ausprobieren** und **beim Naschen**!

Wörteranzahl: 76

substantivierte Zeitwörter nach *beim*

Zeitwörter werden großgeschrieben,
wenn das Verhältniswort *beim* davorsteht:
beim Verrühren, beim Formen.

73 An Herrn Schreckenstein

Eine Woche Urlaub habe ich nun auf Schloss Schreckenstein verbracht. Leider gab es überhaupt nichts **zum Gruseln** oder **zum Fürchten**! Die Zimmer waren frisch geputzt, und es gab keine Spur von Spinnen oder Mäusen. **Zum Verzweifeln**! Das Hausgespenst war ausgeflogen und für drei Wochen im Urlaub. **Zum Essen** und Trinken bekam ich Gemüsesuppe und Früchtetee. Ich brauchte **zum Abreisen** nur wenige Minuten und werde meine Ferien nie wieder auf Schloss Schreckenstein verbringen.

Mit freundlichen Grüßen

Gerald Gruselgern

Wörteranzahl: 78

substantivierte Zeitwörter nach *zum*

Zeitwörter werden großgeschrieben,
wenn das Verhältniswort *zum* davorsteht:
zum Verzweifeln, zum Essen.

doppelte Selbstlaute

Bei einigen Wörtern werden die lang gesprochenen Selbstlaute einfach verdoppelt wie z. B. bei **Meer, Boot oder Aal.**

74 Das erste Mal am Meer

In den Sommerferien war ich das erste Mal am **Meer**. Ich staunte, wie groß es ist. Es ist viel größer als der **See** bei uns zu Hause! Wir mieteten ein **Boot**, um zu angeln.

Hinter der Brandung war das **Meer** ganz ruhig. Das Wasser war so klar, dass man alle Fische sehen konnte, wie im **Zoo**. Ich wollte **Aale** angeln. Aber hier gab es nur bunte Fische, die ich nicht kannte. Schließlich fischte ich ein **paar Seesterne** aus dem Wasser.

Wörteranzahl: 80

75 Eine spannende Klassensprecherwahl

Die **Wahl** unserer Klassensprecher zu Beginn des letzten **Schuljahres** war **sehr** lustig. Zuerst **benahmen** wir uns wie kleine Kinder und riefen alle wild durcheinander. Unsere **Lehrerin ermahnte** uns und schrieb einige Namen an die Tafel.

Danach **wählten** wir. Jeder schrieb einen Namen auf einen Zettel. Schließlich **zählten** wir die Stimmen aus.

Nun mussten wir alle lachen, denn zwei Kinder hatten die gleiche **Anzahl** an Stimmen. In einer **Stichwahl** haben wir uns für eines von beiden entschieden.

Wörteranzahl: 76

vorgelesen

diktiert

das Dehnungs-h

Das Dehnungs-*h* steht oft vor den Mitlauten *l, m, n* oder *r*: **Wahl, benahmen, sehr.**

Wörter mit ie

Das lang gesprochene *i* wird oft *ie* geschrieben: **Fliege, spielte, wie, viele, sie, Tiere.**

76 Ein schmerzhafter Bienenstich

„**Wie** schrecklich!", **schrie Marie** und zeigte auf eine **Fliege**. **Sie** hatte große Angst vor **Fliegen** und Spinnen. Wenn sie **diese** kleinen **Tiere** sah, **schrie** sie jedes Mal und rannte davon.

Aber auch **Bienen** konnte sie nicht leiden. Einmal hatte sie eine **Biene** gestochen, als sie auf einer **Wiese spielte**. Zuerst tat es sehr weh. Nachdem ihre Mutter eine halbe **Zwiebel** über den Einstich **gerieben** hatte, **ließ** der Schmerz zum Glück schnell nach. Seitdem fürchtet **Marie** sich vor **Bienen**.

Wörteranzahl: 78

Wörter mit ih

Nur wenige Wörter werden mit *ih* geschrieben.
Am besten merkst du dir diese Fürwörter gut:
ihn, ihm, ihr, ihnen, ihren, ihre, ihrem, ihrer.

77 Schlüssel vergessen!

Eines Morgens fiel Karl auf, dass seine Mutter **ihren** Schlüssel vergessen hatte. Schon rief sie an und bat **ihn**, **ihren** Schlüssel im Büro vorbeizubringen. Karl versprach es **ihr**.

Kaum hatte er den Telefonhörer aufgelegt, da fiel **ihm** jedoch ein, dass er heute schulfrei hatte. Er ärgerte sich über seine Mutter und **ihren** vergessenen Schlüssel. Aber er brachte **ihn ihr** trotzdem vorbei.

Zur Belohnung gab seine Mutter **ihm** etwas Geld für ein Eis.

Wörteranzahl: 72

78 Was ist eine Dampfmaschine?

Im Museum haben wir eine **Dampfmaschine** gesehen. Sie braucht kein **Benzin** wie die Autos, sondern Dampf. Dieser wird in einem großen Kessel durch das Erhitzen von vielen **Litern** Wasser erzeugt. Durch ein **Ventil** wird der Dampf dann in einen Kolben gepresst. Über einen großen Riemen treibt dieser ein Rad an, das sich schnell dreht.

Die **Maschine** faucht wie ein **Tiger**. Unser Lehrer erklärte uns dann, dass früher die **Lokomotiven** von einer Dampfmaschine angetrieben wurden.

Wörteranzahl: 74

langes i ohne Kennzeichnung

Das lange *i* wird meistens *ie* geschrieben. Ausnahmen bilden einige Lehnwörter. Hier wird das lange *i* nicht gekennzeichnet: **Tiger, Maschine, Benzin** oder **Liter.**

Hinter *l* und *r* steht immer nur *z*, niemals *tz*:
Schmalz, scherzen, Gewürze ...

79 Eine gelungene Überraschung

Stolz tragen Tim und Maxi ihren Korb mit **Steinpilzen**. Sie haben alle gesammelt, die sie gefunden haben. Jetzt wollen sie die Eltern mit einer **Pilzmahlzeit** zum Abendessen überraschen.

Sie **schmelzen** Butter in der Pfanne und geben etwas **Schmalz** dazu. Dann legen sie einen Teil der gesäuberten und klein geschnittenen* **Pilze** in das heiße Fett. Zum Schluss streuen sie noch etwas **Salz** und einige andere **Gewürze** darüber.

Die Eltern freuen sich. „Wenn nur kein **Fliegenpilz** dabei ist", **scherzt** der Vater.

Wörteranzahl: 79

* *kleingeschnittenen* ist auch richtig

80 Bei den Heinzelmännchen vom Froschteich

Hurra, hurra! Seit Wochen sucht **Prinz** Peter eine **Prinzessin**. Nun hat er sie endlich gefunden. Er wird mit ihr oben auf der **winzigen** Blüte einer **winzigen** Pflanze in einem **winzigen** Schloss leben. Vor Freude **glänzen** seine Augen wie Perlen.

Drei Tage und drei Nächte **tanzt** der **Prinz** mit der **Prinzessin** in seinem neuen Schloss. Und sein **ganzes** Volk **tanzt** mit ihnen. Ja, sie können feiern, die **Heinzelmännchen** vom Froschteich. Sie sind ein **ganz** wildes und ausgelassenes Völkchen!

Wörteranzahl: 77

Wörter mit nz

Auch nach *n* steht immer nur *z*, niemals *tz*: **Prinz, glänzen, ganz ...**

81 Barbara freut sich

Es ist ein warmer Sommertag. Die Sonne lacht.

Auf dem kleinen Spielplatz im Park tummeln sich die Kinder. Barbara **rutscht** die **Rutschbahn** hinunter. Dabei **quietscht** sie vor Vergnügen. Barbara ist die kleine Schwester von Paul. Sie ist zum ersten Mal auf einer **Rutschbahn**. Paul passt gut auf seine Schwester auf. Das ist besonders wichtig, wenn sie im **Plantschbecken plantscht***.

Da kommt Mark angelaufen. Er schenkt dem kleinen Mädchen einen **Lutscher**. Barbara **klatscht** vor Freude in die Hände.

Wörteranzahl: 77

* Die Schreibweise *planschen, Planschbecken* ist ebenfalls möglich.

Wörter mit tsch

Bei Wörtern mit mehreren Mitlauten hintereinander, wie z. B. *tsch,* hilft dir deutliches Sprechen:
quietscht, Lutscher, klatscht ...

82 Blitz, die Katze

Unsere **Katze Blitz** ist schneller als alle anderen. Wenn sie eine Maus jagt, **flitzt** sie wie der **Blitz**, und **plötzlich** springt sie mit einem großen **Satz** auf sie.

Aber wenn sie müde ist, macht sie es sich gern gemütlich. Dann sucht sie sich ein nettes **Plätzchen**, rollt sich zusammen und schläft. Ihre liebsten **Plätze** sind die Fensterbank in der Küche und das oberste Bücherregal. Auch meine blaue **Mütze** findet sie **spitze**. Darauf **sitzt** sie stundenlang und **putzt** sich.

Wörteranzahl: 78

vorgelesen

diktiert

Wörter mit tz

Nach kurzen Selbstlauten und Umlauten steht immer *tz*, niemals nur *z:*
Katze, Mütze, plötzlich ...

Wörter mit ll

Der doppelte Mitlaut *ll* steht nur nach kurzen Selbstlauten: **Knall, schnell ...**

83 Wirklich kein Glückstag

Das Zerspringen einer Fensterscheibe stört die friedliche **Stille** des Juniabends. Scherben **fallen** herab. Oh nein! Auch das noch. **Tills Ball** ist nicht auf der Wiese, sondern im **Keller** gelandet. Er hat aber auch ein Pech heute, der arme **Till**!

Heute Morgen ist er in eine Pfütze **gefallen**. Dabei ist seine **Brille** zerbrochen. Als er sich mittags ein Wasserglas **füllen wollte**, fiel es hin und zersprang mit einem lauten **Knall**.

Am besten geht er jetzt ganz **schnell** ins Bett.

Wörteranzahl: 78

84 Der Dackel und die Zuckerschnecke

Glücklich hüpft Moritz aus dem **Bäckerladen**. Er hat sich eine **Zuckerschnecke** gekauft. Wie **lecker**! Doch hoppla, da stolpert er. Und schwupp, liegt die **Zuckerschnecke** im **Dreck**.

Der **Dackel** Zottel, der mit seinem Herrchen **vorbeiwackelt**, lässt sich diese Gelegenheit nicht entgehen. Schnapp, schon hat er das **leckere Gebäck verschluckt**. Moritz ist entsetzt. Tränen steigen in seine Augen.

Mitleidig **drückt** ihm der alte Herr ein **Geldstück** in die Hand für eine neue **Zuckerschnecke**. Da strahlt Moritz wieder!

Wörteranzahl: 75

vorgelesen

diktiert

Wörter mit ck

ck steht immer nur nach kurzen Selbstlauten: **lecker, Dreck, Gebäck ...**

85 Es gibt Pflaumenmus!

Heiß steigt der **Dampf** aus dem **Kochtopf**. Die Küche duftet nach **Pflaumenmus**. Die Mutter rührt und rührt, damit nichts anbrennt.

Jule **rümpft** die Nase. Zu dieser Arbeit hätte sie keine Lust. Das **Pflaumenmusessen** findet Jule prima, **Pflaumenmuskochen** aber nicht. Gerade hat sie sich den Finger an einem heißen **Tropfen** verbrannt. Ganz kurz hat sie mit den Tränen **gekämpft**. Aber sie ist **tapfer** und weint nicht.

Nun macht sie schnell ihre Matheaufgaben, und dann bekommt sie ein **Pflaumenmusbrot**.

Wörteranzahl: 77

Wörter mit pfl oder pf

Bei einigen Wörtern finden wir eine Anhäufung von Mitlauten:
Kochtopf, Pflaumen, tapfer ...

Hier hilft dir deutliches Sprechen.

86 Erholsame Ferien

Seit ihrer **Ankunft** in der Ferienwohnung sitzt die Familie **Stifter** auf der Wiese. Alle genießen die herrliche **Landluft** und den **Duft** nach Heu und Blumen.

Herr **Stifter** ist **Schriftsteller**. Er schreibt mit einem **Bleistift** Gedichte in sein **Heft**. Stefan und Elena sind mit Malen **beschäftigt**. Sie malen mit ihren neuen **Buntstiften** Bilder von den Blumen und Schmetterlingen um sie herum.

Frau **Stifter** liegt im Liegestuhl und **schläft**. Sie wacht erst auf, als Stefan sie zum Abendessen **ruft**.

Wörteranzahl: 77

Wörter mit ft

Aufgepasst bei Wörtern mit *ft!*
Diese musst du besonders deutlich sprechen:
Ankunft, Luft, Heft ...

3. Klasse

Doppelmitlaut tt

Schärfung

87 Beobachtungen auf dem Bauernhof

Lotte und ihr **Vetter Otto** machen Ferien auf dem Bauernhof von Tante Rita.

Sie fahren zu der Weide des Bullen Richard. Träge steht er im **Schatten** eines dicken Baumes. Mit einer **Kette** ist er dort angebunden. Ob er so gefährlich ist, wie er aussieht?

Die Kinder laufen zur Pferdeweide. Die Stute Mara hat ein Fohlen. Als ein **Gewitter** aufzieht, **zittert** das Fohlen vor Angst. Schnell läuft es zu seiner **Mutter** und versteckt sich unter ihrem Bauch. Das sieht komisch aus!

Wörteranzahl: 80

Wörter mit tt

Nach einem kurzen Selbstlaut stehen häufig doppelte Mitlaute wie z. B. *tt:*
Schatten, Kette, zittert ...

88 Oh, eine Kreuzspinne!

Es ist **Spätsommer**. **Martin** und seine **Schwester** Tina **spielen** mit ihrem Ball. Immer wieder **werfen** sie ihn gegen das große Scheunentor. Wenn er **zurückkommt**, **springen** sie über ihn.

Beim **letzten Sprung entdeckt Martin** eine **dicke Kreuzspinne**. Die **Kinder** schauen zu, wie sie ihr **Netz spinnt**. Sie hat schon **drei** Fäden **gespannt**, die wie ein Y aussehen. Es dauert noch einige Zeit, bis das **Spinnennetz fertig** ist und sich die **Spinne** in der Mitte ausruht.

Wörteranzahl: 74

Häufung von Mitlauten

Viele Wörter haben zwei und mehr Mitlaute hintereinander: **springen, Schwester, letzten, entdeckt ...** Deutliches Sprechen ist hierbei besonders wichtig.

d oder t am Wortende

Wenn du nicht weißt, ob ein Wort am Wortende mit *d* oder *t* geschrieben wird, suche ein passendes, längeres Wort: **Wald – Wälder, Mut – mutig.**

Merke dir: Zeitwörter in der 3. Person Einzahl enden immer mit *-t:* er **steigt,** es **gibt.**

89 Niklas will hoch hinaus

Endlich **gibt** es in der Schule „Am **Wald**" eine **Kletterwand**. In der Pause kommen alle Kinder **angerannt**.

Niklas **ist** als Erster da. Schnell **steigt** er hinauf. Ganz sicher **greift** er **abwechselnd** mit der rechten oder linken **Hand** nach den Griffen. **Bald wird** er oben sein.

Doch plötzlich **verlässt** ihn der **Mut**. Er **schaut** nach unten und **ruft verzweifelt**: „Ich habe keine **Kraft** mehr!" Sein linker Fuß **findet** keinen **Halt**. Er **springt** hinab. Sein **Freund tröstet** ihn: „Morgen **klappt** es **bestimmt**."

Wörteranzahl: 80

vorgelesen

diktiert

90 Ich gehe als Lump!

„Wie verkleide ich mich zu Karneval?“, überlegt Bastian. Auf dem Speicher steht ein **Korb** mit altem Kram. **Deshalb** rast er im **Galopp** die Treppe hoch. Überall liegt dicker **Staub**. Der **Korb** ist zwar **halb** leer*, doch er findet eine Jacke. Sie ist **gelb**. „Ich gehe als **Lump** oder als **Dieb**!“ Ein **Sieb** und einen **Stab** kann er auch gebrauchen.

Da ruft sein Bruder: „Bist du **taub**? Dein **Typ** wird am Telefon verlangt!“. Vor Schreck stolpert Bastian über den **Stab**.

Wörteranzahl: 79

* *halbleer* ist auch richtig

b oder p am Wortende

Wenn du nicht weißt, ob ein Wort am Wort- oder Silbenende mit *b* oder *p* geschrieben wird, musst du es verlängern:
Korb – Körbe, Lump – Lumpen, halb – halbieren.

91 Ein Gartenzwerg im Müll

Torsten und Tina staunen, als sie am **Donnerstag** zur Schule gehen. So viel Sperrmüll **lag** noch nie auf ihrem **Schulweg**! Gleich neben ihrem Haus liegt auf dem **Bürgersteig** ein **Berg** alter Sachen: ein Regal, ein **Schrank**, eine **Bank**, eine Truhe.

Neugierig durchwühlen sie den Kram. Torsten zieht **kräftig** an einem Brett, da purzelt ihnen ein bunter **Gartenzwerg** entgegen. Sieht der **stark** aus! Sie nehmen ihn mit zur Schule. Er soll im Schulgarten stehen und alle Kinder freundlich begrüßen.

Wörteranzahl: 78

g oder k am Wortende

Ob man am Wortende *g* oder *k* schreibt, kannst du hören, wenn du das Wort verlängerst:
lag – liegen, Bank – Bänke.

92 Ausgerechnet der Taufpate!

Ginas kleiner Bruder Alexander soll getauft werden. Alle **Verwandten** sind eingeladen. Da Ginas Familie in einer **Großstadt** mit vielen Kirchen wohnt, schickt Ginas Vater der ganzen **Verwandtschaft** einen **Stadtplan**.

Endlich ist das große Fest da. Alle haben sich vor der Kirche versammelt. Aber wo bleibt der Taufpate? Ginas Eltern werden schon ganz unruhig. In letzter Minute kommt er an. Warum hat er sich bloß so verspätet? Oje – der Brief mit dem **Stadtplan** war an seine alte Adresse **gesandt** worden.

Wörteranzahl: 79

Wörter mit dt

Nur wenige Wörter werden mit *dt* geschrieben. Merke dir:
Stadt, Verwandte, gesandt.

93 Große Pause

„Das Beste an der Schule ist die Pause“, **erklärt** Jakob. „Das ist doch wohl **klar**.“ Er bringt jeden **Tag** seinen **Ball** mit, weil ihm die **Bälle** in der Schule nicht **hart** genug sind. Man müsste sie **härter** aufpumpen. Aber das **halten** die Lehrer und Lehrerinnen für **gefährlich**.

Wenn die Pause **anfängt**, rennen viele Kinder zum **Fußballfeld**. Jakob **zählt** die Spieler und wenn die **Zahl** stimmt, geht es los. Jakob ist der beste Torwart. Er **hält** **täglich** fast alle **Bälle**.

Wörteranzahl: 79

Wörter mit ä

Die meisten Wörter mit *ä* haben ein verwandtes Wort mit *a:* **erklären – klar, Bälle – Ball, härter – hart.**

Achtung: **Eltern** schreibt man mit *E* trotz der Ableitung von **alt!**

94 Im Schulgarten

Auf dem **Schulgelände** der **Bärenschule** gibt es einen **herrlichen** Schulgarten. Von **März** bis **September** arbeiten dort **täglich** viele **Mädchen** und Jungen. Oft **helfen** auch **Eltern**. Mit dem **Rasenmäher** können die kleinen **Gärtner** nicht die Wiese **mähen**. Sie sind nicht **kräftig** genug, und außerdem ist diese **Tätigkeit** für Kinder zu **gefährlich**.

Die Kinder können **Pflänzchen setzen**, Unkraut **jäten**, **Äste** sammeln und **Äpfel ernten**. Manchmal gibt es **Ärger**. Neulich stellte eine Klasse fest: Jemand hat unsere Erdbeeren **geerntet**. Das ist **ärgerlich**!

Wörteranzahl: 79

e oder ä?

Die Laute *e* und *ä* klingen oft gleich. Wenn du dir die Schreibweise nicht herleiten kannst (siehe Merkkasten auf Seite 82), kannst du dir diese Wörter nur durch Üben einprägen.

95 Mutter ist sauer

„Nun **räum** endlich dein Zimmer auf!“, rief Katrins Mutter **äußerst** gereizt. Sie war **außer** sich. Aber Katrin hatte keine Lust. „Ich muss unbedingt zu Nele. Ihre **Maus** hat Junge bekommen. Zwei **Mäuschen**! Und Anne will mir ihren Schulaufsatz über die „**Räuber**“ zeigen.“ **Geräuschlos** zog Katrin die **Haustür** zu.

Als abends die Glocken **laut** sechs Uhr **läuteten**, kam sie zum Abendessen heim. Aber der Tisch war ja gar nicht gedeckt! „Ich habe auch meine Freundinnen besucht“, meinte Mutter. Katrin guckte erstaunt.

Wörteranzahl: 80

Wörter mit äu

Wir schreiben in einem Wort nur dann *äu*, wenn es ein verwandtes Wort mit *au* gibt:
aufräumen – Raum,
Mäuschen – Maus,
geräuschlos – rauschen.

Wörter mit eu

Wörter mit *eu* haben nie ein verwandtes Wort mit *au:* **heute, Scheune, Eule.**

96 Leuchtende Laternen

Heute Abend zieht der Martinszug durch die Straßen. Die Kinder der dritten Klasse **freuen** sich darauf, denn sie haben wunderschöne **Eulen-Laternen** gebastelt. Die **Leute** werden staunen, wie herrlich die **Eulen leuchten**.

Um 18 Uhr treffen sich alle. Da kommt Franzi. Sie hat **feuchte** Augen. Ihre **Eule** hat die Flügel verloren. „**Heul** bloß nicht!“, ruft ihre **Freundin**. „Nun sieht deine Laterne wie ein **Ungeheuer** aus.“ Da lacht Franzi.

Singend ziehen die Kinder zur alten **Scheune**, wo schon das **Martinsfeuer** brennt.

Wörteranzahl: 79

97 Vergissmeinnicht zum Abschied

„Wer **von** euch spielt ein Instrument?“, **fragt** die neue Lehrerin. **Flink** gehen **viele Finger** in die **Luft**. Frau **Vogel** schreibt an die **Tafel**: **Flöte**, **Klavier**, **Harfe**, Cello, Geige.

Die Kinder erzählen, dass sie **fleißig** üben müssen. Manchmal würden sie **viel** lieber mit **Freunden** Skateboard* **fahren**. „Ich habe meine **Flötenlehrerin** zur **Verzweiflung** gebracht!“, ruft **Felix**. „Ich bin ihr **häufig** auf die **Nerven** gegangen. Da habe ich ihr zum Abschied **Vergissmeinnicht** geschenkt. Das **fand** sie **voll** gut!“

Wörteranzahl: 75

* darf buchstabiert werden

f oder v?

Es gibt leider keine Regel dafür, ob du ein Wort mit *f* oder mit *v* schreibst. Merke dir am besten die Wörter, die mit *v* geschrieben werden: z. B. **Vogel, Verzweiflung, Vergissmeinnicht, voll, von ...**

98 Stefan, gib ab!

Auf dem Fußballplatz war **viel** los. **Viele** Kinder waren gekommen, um das Spiel zwischen der 3a und der 3b zu sehen.

Bereits in der zweiten Minute **fiel** das erste Tor für die 3b. Aber die 3a gab nicht auf. Pfosten! Der Torwart hatte **viel** Glück. Jeder wollte das nächste Tor schießen. Mit **viel** Eifer kämpfte Stefan. Er gab den Ball nicht ab. Samuel ging dazwischen. Stefan stolperte und **fiel** hin. Seine Knie bluteten. **Viele** Tränen flossen.

Das Spiel endete unentschieden.

Wörteranzahl: 80

Viel oder fiel?

Bei **viel – fiel** musst du überlegen, ob das Wort aus der Wortfamilie *fallen* stammt. Wenn das so ist, schreibst du **fiel.**

Wörter mit kl

Viele Wörter fangen mit zwei Mitlauten an, z. B. *kl:* **klingeln, Klötze, Klammern ...** Hier hilft dir deutliches Sprechen.

99 Endlich Pause

Endlich **klingelt** es. Die Kinder der **Klasse** 3c stürzen auf den Schulhof.

Jan und Suse **klettern** auf dem **Klettergestell**. Hannes und Anne bauen geheimnisvoll etwas aus **Holzklötzen**. Karl **erklärt** seinem Freund die Matheaufgaben. Lea und Nina basteln ein Puppenkleid aus Papier, und Tobias baut eine Schlange aus **Wäscheklammern**. Maxi und Micha hocken auf der Wiese und suchen im Klee nach Stängeln mit vier Blättern.

So eine Pause ist doch immer wieder schön, besonders wenn die Sonne warm scheint wie heute.

Wörteranzahl: 80

100 Das Vogelnest

Die **zwanzig** Kinder der 3a machen mit ihrer Lehrerin Frau **Zwerglein** eine Wanderung durch den Wald. Es ist Frühling. Vögel sitzen **zwitschernd** auf den **Zweigen**. Es duftet nach Tannen und Blumen. Auf einer Wiese machen sie Pause.

Die **Zwillinge** Jan und Lena streuen **Zwiebackkrümel** auf die Erde. Kleine Meisen picken sie auf und tragen sie fort. Aber wohin nur?

Mara entdeckt das Vogelnest. Es ist ein Nistkasten oben am Baum. Die Kinder beobachten, wie die Meisen ein- und ausfliegen.

Wörteranzahl: 79

Wörter mit zw

Viele Wörter fangen mit zwei Mitlauten an, z. B. *zw:* **zwanzig, Zwillinge, zwitschern ...** Hier hilft dir deutliches Sprechen.

101 Die kleine Fledermaus geht auf die Jagd

Die kleine **Fledermaus** hat Hunger. Endlich wird es dunkel, und die Zeit für die Jagd ist gekommen. **Flink** lässt sie sich von ihrem Schlafplatz fallen, breitet ihre zarten **Flügel** aus und **flattert** los. Sie muss sich richtig anstrengen, denn leider kann sie nicht wie ein Vogel gleiten. **Fledermäuse** müssen ständig **flattern**.

Im **Zickzackflug flitzt** sie **fleißig** hinter Mücken und **Fliegen** her. Als die Nacht zu Ende geht, hängt sie sich satt und müde an ihren Schlafplatz.

Guten Tag, kleine **Fledermaus**!

Wörteranzahl: 80

Wörter mit fl

Viele Wörter fangen mit zwei Mitlauten an, z. B. *fl:* **Fledermaus, flattert, fleißig ...** Hier hilft dir deutliches Sprechen.

102 Wer frisst wen?

Fred, der **Frosch**, sitzt faul auf einem Seerosenblatt. Die Sonne scheint warm auf seinen Rücken. Ach, tut das gut! Gerade hatte er eine dicke Fliege gefressen. So ein Glück hat man nicht immer. **Fred**, der **Frosch**, lächelt **froh**.

Ein Schatten fällt auf das Blatt. Nanu, was ist das? **Freund** oder Feind? **Fred** schielt nach oben. Hilfe, ein Storch! Ob der ihn etwa **fressen** will? Schnell springt **Fred** ins Wasser, keine Sekunde zu früh.

Da hat er aber Glück gehabt!

Wörteranzahl: 79

Wörter mit fr

Viele Wörter fangen mit zwei Mitlauten an, z. B. *fr:* **Frosch, froh, Freund ...** Hier hilft dir deutliches Sprechen.

103 Christian und der Fuchs

Eine Wanderung durch den Wald macht viel Spaß, wenn man einen Schatz dabei suchen kann. Darum waren die **sechs** Jungen mit ihrer Lehrerin schon vorausgegangen, um den Schatz zu verstecken. Sie fanden eine Stelle, an der das Farnkraut hoch **gewachsen** war. Hier suchten sie einen Platz für die Schatzkiste. Dann versteckten sie sich.

Plötzlich raschelte es. Christian erschrak und sprang hoch. „Ein **Fuchs**! Oder ein **Dachs**!" „Nein, ein **Ochse**!", rief Sebastian. Alle lachten. Es war der Hund des Försters.

Wörteranzahl: 80

Wörter mit chs

Bei den Wörtern mit *chs* hörst du den *ks*-Laut: z. B. **wachsen, sechs, Fuchs.** Es gibt keine Regel für diese Schreibweise.

Lerne diese Wörter am besten auswendig.

104 Der bunte Abend

Der letzte Abend im Schullandheim war ein bunter Abend.

Max verkleidete sich als **Boxer**. Er forderte den kleinen Micha als Gegner auf, aber Micha hatte Angst. „Das ist doch ein **Jux**!“ Micha war einverstanden. **Max** holte aus. Aber bevor er seinen Gegner erwischte, fiel der schon um.

Xenia verkleidete sich als **Hexe**. Sie hatte sich **extra** einen langen Rock mitgebracht. Als sie den Zauberspruch sagen wollte, hatte sie den **Text** vergessen.

Schade, dass lustige Abende so **fix** vorbei sind!

Wörteranzahl: 79

Wörter mit x

Für den *ks*-Laut wird manchmal der Buchstabe *x* geschrieben: z. B. **Boxer, Hexe, extra.**

Es gibt nur wenige Wörter mit *x*.
Präge sie dir am besten gut ein.

105 Quiz in der Schule

Fast täglich kannst du im Fernsehen Ratespiele sehen. Sie heißen **Quiz**.

In der Schule können wir solche Spiele auch spielen. Die Lehrerin spielt den **Quizmaster***, und statt Geld sammeln wir Punkte. Bei 100 Punkten gibt es für die Siegergruppe hausaufgabenfrei.

Was ist eine **Kaulquappe**? Eine Froschlarve.

Was ist eine **Quelle**? Der Ursprung eines Baches.

Was ist eine **Qualle**? Ein Tier.

Was ist ein **Quartett**? Ein Kartenspiel.

Was ist eine **Qual**? Ein Diktat schreiben!

Wörteranzahl: 73

* darf buchstabiert werden

Wörter mit qu

Es gibt kein Wort, das mit *kw* geschrieben wird. Wenn du ein Wort mit *kw* hörst, dann schreibe *qu:*
Quiz, Quelle, Quatsch.

106 Der Ring ist weg!

Marie und Charlotte sind **Zwillinge**. Marie geht in die 3a, Charlotte in die 3b. Als die 3a in die Jugendherberge fährt, haben sie keine **Angst** vor der **Trennung**. Sie haben sich versprochen, die **Ringe** zu tragen, die ihnen **Onkel Frank geschenkt** hat. So wollen sie immer aneinander **denken**.

Am letzten Abend ruft Marie plötzlich: „Mein **Ring** ist weg!“ Sie **fängt** an zu weinen. Doch Lea findet ihn. Er liegt unter der **Bank**. Marie **springt** vor Freude in die Luft und **dankt** Lea.

Wörteranzahl: 82

ng oder nk?

Wenn du deutlich sprichst, hört sich *ng* nicht wie *nk* an. Um sicher zu sein, verlängere oder verändere das Wort: **krank – kranke, Blinklicht – blinken, springt – springen, fängt – fangen.**

107 Der Bonbonbaum

Die 3a war schon eine Stunde gewandert, als einige Kinder anfingen zu maulen: „Wie lange noch?“ Frau Weise ermunterte sie, trotz des **stürmischen** und **regnerischen** Wetters durchzuhalten. „Wir wollen doch schöne Blätter suchen und pressen.“ Die Kinder sammelten Blätter von Eichen, Buchen und anderen Bäumen.

Plötzlich sahen sie in der Ferne einen Baum mit glitzernden Blättern. Sie waren nicht mehr zu halten und freuten sich **diebisch**, als sie einen Baum voll Bonbons sahen. Die Natur ist manchmal **erfinderisch** – oder?

Wörteranzahl: 79

die Endung -isch

Wenn du unsicher bist, ob *-ich* oder *-isch*, verlängere das Wort: z. B. **regnerisches** Wetter, **erfinderische** Kinder.

108 Erlebnisse in der Großstadt

Nachdem sie um fast zwei Stunden **verschlafen** hatten, sind Herr Bäumler und Jonas nun endlich unterwegs, um Berlin kennen zu lernen*.

Auf dem Weg zum Zentrum **verlaufen** sie sich jedoch. **Verloren** und **verwirrt** stehen sie an einer riesigen Straßenkreuzung. Wie sollen sie hier ohne Stadtplan auskommen? Leider haben sie ihren Stadtplan im Hotel **vergessen**, oder sollte er sich im Rucksack **versteckt** haben? Nein, da ist er nicht. Ah, dort drüben ist ein Zeitungsstand, der auch Stadtpläne **verkauft**. Welch ein Glück!

Wörteranzahl: 80

* *kennenzulernen* ist auch richtig

die Vorsilbe ver-

Vorsilben verändern den Sinn von Wörtern.
Viele Wörter werden mit der Vorsilbe *ver-* gebildet:
stecken – verstecken, schlafen – verschlafen.

109 Wandern im Gebirge

Seit einer Woche sind Anja und Michael im **Gebirge**. Heute wollen sie eine größere Wanderung machen.

Deshalb hat der Wecker sie besonders früh geweckt. Sie haben gefrühstückt und ihre Rucksäcke gepackt. Beide nehmen nur wenig **Gepäck** mit. Mit großem **Geschick** gehen sie die schmalen Bergpfade. Sie wandern langsam, denn der Weg ist weit. Das ist besser für den Körper, auch wenn es viel **Geduld** verlangt.

Zwischendurch trinken sie an einer Quelle das frische Bergwasser. Was für ein herrlicher **Geschmack**!

Wörteranzahl: 79

die Vorsilbe Ge-

Vorsilben verändern den Sinn von Wörtern.
Viele Wörter werden mit der Vorsilbe *Ge-* gebildet:
Berg – Gebirge,
packen – Gepäck,
schmecken – Geschmack.

110 Kein schöner Schultag!

„Heute ist ein **ungewöhnlicher** Tag“, denkt die Lehrerin Frau Wolters.

Nicht nur das Wetter ist **unfreundlich**, auch die Kolleginnen sind heute Morgen fast **ungenießbar**. Die Kinder sind **unruhig** und haben keine Lust, etwas zu lernen. Manche sind sogar richtig **unartig**. Als Inka Tim helfen wollte, hat er sie geschlagen. Wie **undankbar** von Tim! Nina war eben beim Blumengießen so **ungeschickt**, dass ein Blumentopf herunterfiel.

„Hoffentlich passiert heute nicht noch ein richtiges **Unglück**“, denkt die Lehrerin bedrückt.

Wörteranzahl: 76

die Vorsilbe un-

Vorsilben verändern den Sinn von Wörtern.
Viele Wörter beginnen mit der Vorsilbe *un-:*
Glück – Unglück, dankbar – undankbar.

111 Eine Vorführung der Klasse 3b

Heute soll sie endlich sein, die **Vorführung** für die Eltern.

Seit **vorgestern** sind die Kinder der 3b mit den **Vorbereitungen** beschäftigt. **Vorhin** haben sich alle umgezogen. Susi und Lene werden zuerst ein Lied **vorsingen**, und dann wird Klaus ein Klavierstück **vortragen**. Eben noch hatte es **vortrefflich** geklappt. Aber Birte meinte **vorlaut**, dass er gleich bestimmt alles falsch machen werde. Alle sind aufgeregt.

Endlich ist es so weit. Der **Vorhang** geht auf, und die **Vorstellung** beginnt! Sicher werden die Zuschauer begeistert sein.

Wörteranzahl: 81

die Vorsilbe vor-

Vorsilben verändern den Sinn von Wörtern.
Viele Wörter beginnen mit der Vorsilbe *vor-*:
singen – vorsingen, laut – vorlaut.

112 Auf der Baustelle

Vor einigen Tagen wurde mit dem **Bau** eines neuen **Wohngebäudes** begonnen.

Es hätte sich nicht gelohnt, das alte Haus **umzubauen**. Deshalb beschloss man, es abzureißen und ein neues **Gebäude aufzubauen**. Überall sieht man **Bauarbeiter** mit ihren gelben Helmen. Eine Gruppe mauert **Bausteine** aufeinander, eine andere gießt Beton. Ein riesiger **Baukran** steht auf einer Seite. Gerade klettert der Kranführer die lange Leiter hoch. Von dort oben kann er die ganze **Baustelle** übersehen.

Gleich daneben wurden viele **Bauwagen** mit Büros und Duschräumen **aufgebaut**.

Wörteranzahl: 81

die Wortfamilie bauen

Es ist gut, die Wörter einer Wortfamilie zu kennen. Hier findest du Wörter aus der Wortfamilie *bauen:* **baut, Baustelle, Gebäude ...**

113 Gerade noch erwischt!

Gerade hat die **Fähre** abgelegt.

Im letzten Moment haben Alex und Maria sie noch mit ihren **Fahrrädern** erwischt. Beinahe wäre die **Fähre** ohne sie **abgefahren**. Dann hätten sie ein Weilchen warten müssen, denn der Rhein ist hier sehr breit. Es ist nicht **ungefährlich** für den **Fährmann**, hier **hin-** und **herzufahren**, da es viel Verkehr auf dem Fluss gibt. Zahlreiche Schiffe **fahren** hier entlang.

Wenn die **Fähre** am anderen Ufer angekommen ist, können die beiden **weiterfahren**.

Wörteranzahl: 75

die Wortfamilie fahren

Es ist gut, die Wörter einer Wortfamilie zu kennen. Hier findest du Wörter aus der Wortfamilie *fahren:*
Fähre, abgefahren, weiterfahren ...

114 Wasserfall entdeckt!

Sie waren schon seit einer Stunde unterwegs. **Zufällig** hatten sie das Hinweisschild „Zum **Wasserfall**“ entdeckt.

Danach waren sie immer tiefer in den Wald gegangen. Thomas und Ina wollten unbedingt den **Wasserfall** sehen. Nur der kleine Daniel hatte im dunklen Wald Angst vor **Überfällen**. Über diese **Einfälle** mussten die anderen lachen. Sie überredeten ihn, mitzukommen und versprachen, gut auf ihn aufzupassen.

Bald hörten sie das Geräusch von **fallendem** Wasser. Kurz darauf erreichten sie einen herrlichen, großen **Wasserfall**.

Wörteranzahl: 76

die Wortfamilie fallen

Es ist gut, die Wörter der Wortfamilie fallen zu kennen:
Einfälle, fällt, fallend ...

die Wortfamilie stellen

Es ist gut, die Wörter der Wortfamilie *stellen* zu kennen:
abgestellt, Haltestelle, Arbeitsstelle ...

115 Ärger am frühen Morgen

Viele Leute standen an der **Bushaltestelle**. Die einen wollten zur Schule, die anderen zu ihrer **Arbeitsstelle**.

Die Kinder hatten ihre schweren Schultaschen **abgestellt**. Viele saßen auf den neuen Bänken, die vor einigen Wochen **aufgestellt** worden waren. Da es regnete, hatten sich viele auch **untergestellt**. Alle warteten ungeduldig auf den Bus. Endlich kam er.

Weil aber ein Autofahrer sein Auto genau auf der **Haltestelle abgestellt** hatte, mussten alle bis zur Fahrbahnmitte gehen.

Und das bei diesem Regen. Wie ärgerlich!

Wörteranzahl: 78

116 Großes Pech!

Einmal bauten wir uns ein **Floß**, um auf dem Fluss zum Wasserschloss zu fahren. Als wir aber das **Floß** zu Wasser **ließen**, sank es. Das war **großes** Pech!

Da entdeckten wir ein altes Boot. Wir kletterten hinein und **stießen** uns ab. Das Wasser floss ruhig dahin, und wir **saßen** vergnügt im Boot.

Doch plötzlich wurden unsere **Füße** nass. Wasser war ins Boot eingedrungen! Mit unseren Händen schaufelten wir das Wasser raus. Als wir **schließlich** wieder ans Ufer **stießen**, waren wir froh.

Wörteranzahl: 81

Wörter mit ß

Das stimmlose (scharfe) *s* schreibt man nach langem Selbstlaut oder Doppellaut meistens als *ß*: **Floß, Fuß, groß, außerdem.**

117 Tipps fürs Angeln

Ob man an einem **Fluss** oder an einem Teich angelt, ist egal. Auf den richtigen Köder kommt es an. Mit Fliegen oder Regenwürmern geht es am besten. Man **muss** nur ein **bisschen** Geduld und etwas Glück haben. Manchmal braucht man auch **wasserdichte** Kleidung, damit man nicht **nass** wird. Denn wenn der Regen **prasselt**, beißen die Fische besonders gut an.

Wenn man die Fische selber **essen** will, legt man sie am besten in ein **Fass**. Viele **lassen** sie aber wieder schwimmen.

Wörteranzahl: 80

Wörter mit ss

Nach kurzem Selbstlaut wird das stimmlose (scharfe) *s* meistens als *ss* geschrieben: **Fluss, muss, bisschen, nass.**

118 Im Garten

In **unserem** Garten ist es **besonders** schön, wenn die Blumen und Sträucher blühen. Dann **summt** und brummt es überall. Die Bienen holen sich den Blütenstaub und machen daraus Honig.

Manchmal halte ich meine **Nase** ganz dicht an eine Blüte. **Besonders** gern rieche ich die **Rosen**. Ich **sammle** die verschiedenen Blütenblätter in einer **Dose** und trockne sie. Oder ich pflücke einige Blumen und stelle sie in eine **Vase**.

Oft **sitzen** wir noch abends im Garten, bis es dunkel wird.

Wörteranzahl: 78

das stimmhafte s

Das stimmhafte *s* wird immer als einfaches *s* geschrieben. Man spricht es stimmhaft vor einem Selbstlaut wie bei **summen, sammeln** oder **sitzen** und auch zwischen zwei Selbstlauten wie bei **Rose, Dose** oder **Nase.**

119 Eine Schlossbesichtigung

Auf unserem letzten Schulausflug besichtigten wir ein **Schloss**. Es lag an einem **Fluss**. Viele schöne **Schlösser** liegen übrigens an **Flüssen**.

An jedem **Fuß** hatten wir einen großen Filzschuh, damit das Parkett nicht zerkratzt wurde. Wir rutschten mit den großen Schuhen an unseren **Füßen** wie auf Eis.

Gern verschicken die Leute **Grüße** von einer Schlossbesichtigung. Auch ich kaufte eine Postkarte und schickte meinen Eltern einen **Gruß** – leider kam ich eher zu Hause an.

Wörteranzahl: 72

vorgelesen

diktiert

Mehrzahlbildung bei ß und ss

Wörter, die in der Einzahl mit ss geschrieben werden, schreibt man auch in der Mehrzahl so: **Schloss – Schlösser, Fluss – Flüsse.**

Auch das ß bleibt in der Mehrzahl erhalten: **Gruß – Grüße, Fuß – Füße.**

120 Ein Sportfest mit Überraschungen

Beim letzten **Sportfest** schnitten die Mädchen besser ab als sonst. In einem **spannenden** Wettkampf schlugen sie die Jungen beim **Springen** und **Sprinten**. Und auch bei den **Spielen** waren sie zur Überraschung aller einfach besser.

Spaß hatten alle beim Schwimmen. Zuerst mussten die Kinder vom **Sprungbrett springen**. Danach gab es ein **Wasserballspiel**, bei der das Wasser nur so **spritzte**.

Die Mädchen waren zu Recht stolz auf ihre Leistungen, als der **Sportlehrer** die Urkunden verteilte.

Wörteranzahl: 73

sp schreiben und schp sprechen

Achtung:
Vor *p* steht immer nur *s*, obwohl dieses *s* als *sch* gesprochen wird: **Sportfest, spielen, sprechen.**

121 Die beiden Streithähne

Stefan und Markus **stritten** oft miteinander. Einmal **stritten** sie sich wieder in der großen Pause. Sie prügelten wild aufeinander ein. Unsere Lehrerin musste die beiden trennen. Nun sollten sie ihren **Streit** vor der Klasse austragen.

Erst beschimpften sie sich **stürmisch**. Dann gingen die beiden **Streithähne** aufeinander los. **Stefan stolperte** und **stieß** mit seiner **Stirn** an einen **Stein**. Am Ende ging der Kampf jedoch unentschieden aus. Beide waren gleich **stark**. Von da an vertrugen sich die beiden prima.

Wörteranzahl: 77

st schreiben und scht sprechen

Achtung: Vor *t* steht immer nur *s*, obwohl dieses *s* als *sch* gesprochen wird: **streiten, stolpern, Stein.**

122 Beim Kinderarzt

Neulich war ich so krank, **dass** ich zum Kinderarzt musste. Er horchte Brust und Rücken ab und sah mir in den Mund. Ich musste ihm die Zunge zeigen und „A“ sagen. Dann drückte er meinen Bauch so fest, **dass** es weh tat*. Schließlich sagte er, **dass** er mir eine Spritze geben müsse. Ob er wohl merkte, **dass** ich Angst hatte?

Aber es war nicht schlimm. Schon am nächsten Tag war ich gesund, **sodass**** ich wieder zur Schule gehen konnte.

Wörteranzahl: 79

* Die Schreibweise *wehtat* ist ebenfalls möglich.
** Die Schreibweise *so dass* ist ebenfalls möglich.

das Bindewort dass

Das Bindewort dass wird immer mit *ss* geschrieben: Er sagte, **dass ...**

Tipp: *dass* wird mit *ss* geschrieben, wenn man nicht *dieses* oder *welches* dafür einsetzen kann.

123 Einkaufen ist gar nicht so einfach!

Einmal sollte ich für meine Mutter Mehl einkaufen. Ich ging in **das** Geschäft, **das** bei uns um die Ecke liegt. Wo war nur **das** blöde Mehl, **das** ich holen sollte? Ich sah nur die vielen Süßigkeiten. Endlich fand ich **das** Regal, **das** alle Mehlsorten enthielt.

Welche Sorte sollte ich bloß holen? Schließlich nahm ich **das** Mehl, **das das** schönste Bild auf der Tüte hatte. Es war natürlich ein Mehl, **das** meine Mutter nicht gebrauchen konnte. **Das** Einkaufen will gelernt sein!

Wörteranzahl: 80

der Begleiter und das Fürwort das

Der Begleiter und das Fürwort das werden mit *s* geschrieben: **Das** Einkaufen will gelernt sein!
Das Mehl, **das** ich holen sollte ...

Tipp: *das* wird mit *s* geschrieben, wenn man *dieses* oder *welches* dafür einsetzen kann.

124 Im Gasthaus

Eines Abends gingen wir mit der ganzen Familie ins Gasthaus **essen**. Mein Bruder und ich **aßen** Schnitzel mit Salat. Unsere Eltern bestellten Pizza. Wir hatten alle großen Durst, aber der Kellner hatte leider die Getränke vergessen. Also musste mein Vater sie noch einmal bestellen.

Nachdem wir das Hauptgericht **gegessen** hatten, durften wir uns noch ein Eis aussuchen. Ich **esse** am liebsten Zitroneneis. Mein Bruder **isst** sehr gern Erdbeereis. Und was **esst** ihr am liebsten?

Wörteranzahl: 74

die Wortfamilie essen

Einige Wortfamilien, wie z. B. *essen,* haben Wörter, bei denen *ß* und *ss* vorkommt.
Halte dich hier einfach an die bekannte Regel:
- nach kurzem Selbstlaut steht *ss:*
  ich **esse,** du **isst,** wir haben **gegessen, essbar**
- nach langem Selbstlaut aber folgt *ß:*
  ich **aß,** du **aßt,** wir **aßen.**

125 Das unvorbereitete Diktat

Ich **weiß** auch nicht, wie das kommt: Immer, wenn wir eine Klassenarbeit schreiben, sind alle sehr aufgeregt. Dieses Mal war es besonders schlimm, weil wir die Arbeit unvorbereitet schreiben **mussten**. Eigentlich hätte unser Lehrer sie ja ankündigen **müssen**, aber das hat er nicht getan.

Das Diktat war sehr schwer. Herr Kübler diktierte wieder einmal viel zu schnell. Wir **wussten** nicht, wie die schweren Wörter geschrieben werden.

Aber wenn wir schon alles **wüssten**, **müssten** wir ja nicht zur Schule gehen.

Wörteranzahl: 79

die Wortfamilien müssen und wissen

Das Zeitwort *müssen* schreibt man in allen Formen immer mit *ss:*
ich **muss,** er **müsste,**
wir haben **gemusst** …

Achtung: Bei dem Zeitwort *wissen* findest du *ß* und *ss:*
ich **weiß,** du **wusstest,** wir **wüssten,**
wir haben **gewusst** …

126 Spaß im Schnee

Über Nacht fiel der erste **Schnee** in diesem Winter. Wir hatten uns **schon** darauf gefreut und trafen uns gleich nach der **Schule**. Patrick band dem **schönen Schneemann**, den wir bauten, seinen **Schal** um den Hals. Kerstin **schenkte** ihm eine Rübe, die wir als Nase verwendeten. Wir hatten so viel Spaß im **Schnee**, dass wir gar nicht merkten, wie **schnell** die Zeit verging.

Als Patrick nach Hause kam, **schimpfte** seine Mutter, weil der **Schal** fehlte und er jämmerlich **schniefte**.

Wörteranzahl: 78

Wörter mit sch oder schn

Bei den Mitlauten *sch* und *schn* (oder auch *schw, schr, schl* oder *schm)* musst du genau hinhören. Es hilft, wenn du die Wörter deutlich sprichst: **schenkte, Schal, Schnee, schniefte.**

Trennung nach Sprechsilben

Wörter mit mehreren Silben kann man nach ihren Sprechsilben trennen. Das kannst du bei den folgenden Diktaten selbstständig tun (klatsche dabei!):

- Ein einzelner Mitlaut wird immer abgetrennt: **ha-ben, sei-nem, gro-ße.**
- Bei zwei oder mehreren Mitlauten wird der letzte Mitlaut abgetrennt: **drin-gend, Hams-ter, üb-rig.**

Hinweis: In den folgenden beiden Diktaten sollen die farbig markierten Wörter selbstständig getrennt werden.

127 Ein Haustier – ja oder nein?

Manuela wünscht sich ganz **drin-gend** ein Haustier. Sie **möch-te** einfach **je-man-den ha-ben**, wenn sie alleine ist oder nicht einschlafen kann.

Eine **Kat-ze** kommt **ger-ne** ins Bett und ist kuschelig. Sie will aber auch **ih-re Frei-heit**. Da Manuela an einer **gro-ßen** Straße wohnt, **le-ben** Katzen bei ihr **ge-fähr-lich**.

Ein **Ha-se** wäre deshalb **bes-ser** geeignet. Aber er braucht **ei-nen** Stall, der **im-mer** gereinigt **wer-den** muss.

Ein **Hams-ter** rennt nachts in **sei-nem** Rad herum und ist laut.

Was bleibt da **üb-rig**? – Ein Hund.

Wörteranzahl: 79

128 Das neue Zimmer

Ich freue mich schon so sehr auf mein neues **Zim-mer**. Dann kann ich endlich **al-lei-ne be-stim-men**, was ich machen will. Wenn meine Schwester Hausaufgaben macht, höre ich nicht mehr: „Pst, du sollst leise sein!“ Wenn sie ihre **Freun-din-nen** einladen möchte, stört es mich nicht. Und mein **Wel-len-sit-tich** wird bei mir im **Kin-der-zim-mer** singen.

Al-ler-dings werden auch unsere **Stock-bet-ten** einzeln gestellt, und ich werde **al-lei-ne** schlafen. Davor habe ich ein **biss-chen** Angst, aber das darf nur **Brum-mi**, mein Schmusebär, **wis-sen**.

Wörteranzahl: 79

Trennung bei doppelten Mitlauten

Auch Wörter mit doppelten Mitlauten trennt man so, dass der letzte Mitlaut auf die neue Zeile kommt: **Zim-mer, Wel-len-sit-tich, wis-sen.**

Hinweis: In den folgenden beiden Diktaten sollen die farbig markierten Wörter selbstständig getrennt werden.

129 Der Apfelbaum

In unserem Garten steht ein großer **Ap-fel-baum**. Seine **Äp-fel** schmecken wunderbar!

In diesem Jahr ist der **Ap-fel-baum** so groß geworden, dass einer seiner **Äs-te** gegen unser Haus drückt. Wenn meine **Schwes-ter** und ich unser **Fens-ter** aufmachen, stoßen unsere **Köp-fe** gegen den schweren Ast.

Vater schneidet den Ast zurück. Nun können wir wieder gut in den Garten schauen.

Wörteranzahl: 57

Trennung bei st und pf

Wörter mit *st* trennst du zwischen *s* und *t:*
Äs-te, Fens-ter.
Wörter mit *pf* trennst du zwischen *p* und *f:*
Äp-fel, Köp-fe.

Nils ✓

130 Was geschieht in der großen Pause?

Kaum ertönt der **dump-fe** Gongschlag, rennen auch schon alle Kinder in die große Pause. Die einen wollen sich erholen und essen in aller Ruhe ihr Pausenbrot oder einen **Ap-fel**.

Andere **emp-fin-den** Spaß dabei, herumzutollen. Sie **hüp-fen** über den Hof und spielen Ball oder Fangspiele. Manche **op-fern** dafür ihr Pausenbrot oder **stop-fen** es nach der Pause schnell in sich hinein.

Wieder andere **kämp-fen** in der Pause darum, wer der Stärkste in der Klasse ist. Dabei kann es auch mal Beulen geben!

Wörteranzahl: 80

Trennung bei pf

Wörter mit *pf* werden zwischen *p* und *f* getrennt: **dump-fe, hüp-fen.**

Hinweis: In den folgenden beiden Diktaten sollen die farbig markierten Wörter selbstständig getrennt werden.

131 Der Ausflug der kleinen Drachen

Die kleinen **Dra-chen** machen einen Ausflug. Sie **pa-cken** viele **Sa-chen** ein: **Fla-schen**, **Ta-schen**, **De-cken**. Sogar ihre **Bü-cher** nehmen sie mit. In **Sä-cken** schleppen sie **le-cke-re** Nüsse. Ein **Ku-chen** ist auch dabei. Den hat gestern die Oma der kleinen **Dra-chen ge-ba-cken**. Ach, wie herrlich das in der **Kü-che** geduftet hat!

Wörteranzahl: 49

Trennung bei ch, sch und ck

ch, sch und *ck* sind jeweils ein Laut und werden deshalb nie getrennt: **Dra-chen, Ta-schen, pa-cken.**

132 Auf dem Jahrmarkt

Paul und seine Freundin Linda haben **flei-ßig** Pilze gesammelt und verkauft. Mit dem so verdienten Geld wollen sie auf den Jahrmarkt gehen und sich einen **spa-ßi-gen** Nachmittag machen.

Bei dem **hei-ßen** Wetter brauchen die beiden zunächst ein Eis.

Paul kann gut **schie-ßen**. Er gewinnt für seine Freundin ein **gro-ßes** Plüschtier. Danach möchte Linda Achterbahn fahren, doch Paul muss zuschauen, denn ihm wird **re-gel-mä-ßig** schlecht dabei.

Schließ-lich fahren die beiden noch gemeinsam Boxauto und **ge-nie-ßen** die lustige Fahrt.

Wörteranzahl: 77

Trennung bei Wörtern mit ß

ß als einzelner Mitlaut wird abgetrennt: **flei-ßig, spa-ßig, regelmä-ßig.**

Steht *ß* in Verbindung mit weiteren Mitlauten, wird der letzte abgetrennt: **schließ-lich.**

Hinweis: In den folgenden beiden Diktaten sollen die Satzzeichen am Satzende selbstständig gesetzt werden. Daher müssen die einzelnen Sätze besonders gut betont werden.

133 Auf der Kirmes

Welch ein Lärm! Ina und Klaus halten sich die Ohren zu. Von überall hören sie Rufen, Lachen und Musik. Doch bald genießen sie es.

Kauft Lose, Leute! Kommt alle her! Hier könnt ihr herrliche Sachen erleben. Fahren Sie auf unserer Geisterbahn! Kauft eingelegte Gurken! Fahrt auf der Achterbahn! Das ist ein echtes Erlebnis. Wer auf dem fliegenden Teppich mitfliegt, erlebt die ganze Welt in wenigen Sekunden. Kommt hierher, hierher! Frisches Bier vom Fass!

Die Kinder haben viel Spaß.

Wörteranzahl: 78

Satzzeichen am Satzende

- Nach Aussagesätzen steht ein Punkt,
- nach Ausrufen, Aufforderungen und Bitten ein Ausrufezeichen,
- nach Fragesätzen ein Fragezeichen:
  Die Sonne scheint. Welch ein Sonnenschein!
  Scheint die Sonne?

134 Fragen über Fragen

Endlich ist Familie Meinrad am Ferienziel angekommen. Vor ihnen liegt der weiße Strand, dahinter das blaue Meer.

Mami, dürfen wir Burgen bauen? Darf ich ins Wasser gehen? Haben wir denn einen Spaten mit? Da läuft ein Krebs. Und hier liegt eine Muschel. Mieten wir uns auch einen Strandkorb? Darf ich hier schwimmen? Ich möchte im Sand spielen. Müssen wir jetzt essen gehen? Ich habe keinen Hunger. Papi, kann ich ein Eis haben?

Papi hält sich erschöpft die Ohren zu.

Wörteranzahl: 79

Zeichensetzung bei wörtlicher Rede

Die wörtliche Rede steht immer in Anführungszeichen:
„Guten Tag, wer bist du?“

Steht der Begleitsatz vor der wörtlichen Rede, so folgt ihm ein Doppelpunkt:
Purzel sagt: „Ich kenne dich nicht.“

Steht der Begleitsatz nach der wörtlichen Rede, so wird er immer durch ein Komma abgetrennt:
„Ich bin Samson, und du**?“,** fragt der Kater.

Hinweis: In diesem Diktat sollen die Satzzeichen bei wörtlicher Rede selbstständig gesetzt werden. Daher müssen die einzelnen Sätze besonders gut betont werden.

135 Samson und Purzel

„He, wer bist du?“, fragt Purzel, der Pudel von Frau Albrich.

„Ich bin Samson, der Kater von Herrn Storz“, antwortet Samson.

Purzel fragt neugierig: „Aber wieso kenne ich dich nicht? Ich habe dich noch nie hier gesehen.“

„Ich bin neu. Herr Storz hat mich vorgestern gekauft,“ erklärt Samson.

„Gekauft? Ja, kann man denn Tiere kaufen?“, will Purzel wissen.

„Ja, in einem Geschäft, in einer Tierhandlung.“

„Ach, ich dachte, in Geschäften kauft man nur Sachen und nicht etwas Lebendiges!“, staunt Purzel.

Wörteranzahl: 80

136 Lärmprobleme vor 2000 Jahren

Schon vor 2000 Jahren gab es so große Verkehrs- und Lärmprobleme, dass die Leute nachts kaum schlafen konnten. So wurden die Einwohner von Rom nachts durch **lautes Rumpeln** von Ochsenkarren gestört.

Schreckliches Poltern von schweren Steinen erschreckte sie ebenso wie **wütendes Schreien** der Ochsentreiber. Warentransporte durften damals nur nachts stattfinden, weil die Gassen am Tag mit Menschen überfüllt waren.

Die Stadt hatte schon damals ungefähr eine Million Einwohner, die zum Teil in vier- bis fünfstöckigen Wohnhäusern lebten. Hier gab es weder Wasserleitungen noch Heizungen. Diese Häuser waren zum Teil so schlecht gebaut, dass **häufiges Einstürzen** niemanden verwunderte.

Wörteranzahl: 97

substantivierte Zeitwörter

Zeitwörter werden in der Regel kleingeschrieben. Du schreibst sie jedoch groß, wenn
- ein Eigenschaftswort davorgesetzt wird: **lautes Rumpeln, schreckliches Poltern**;
- ein Fürwort davorsteht: **ihr Trocknen, unser Kochen**;
- ein bestimmter (der, die das) oder unbestimmter Begleiter (ein, eine, ein) davorsteht: **das Pressen, das Kochen**.

137 Wer hat den Buchdruck erfunden?

Im Mittelalter waren Bücher sehr kostbar, denn sie konnten nur in jahrelanger mühevoller Arbeit **durch Abschreiben** vervielfältigt werden. **Beim Arbeiten** in seiner Werkstatt suchte ein Bürger in Mainz im 15. Jahrhundert nach Möglichkeiten, Bücher schneller herzustellen.

Durch Anfertigen von Buchstaben und Zahlen aus Holz, später aus Metall, gelang es ihm schließlich, einzelne Buchseiten zu drucken. **Mit dem Umbauen** einer Weinpresse zu einer Druckerpresse war ein weiterer großer Schritt getan.

Nun brauchte man nur noch wenige Stunden **zum Anfertigen** mehrerer Buchseiten. 1448 veröffentlichte er den ersten gedruckten Kalender und 1455 die erste gedruckte Bibel der Welt. Sein Name ist Johannes von Gutenberg.

Wörteranzahl: 101

substantivierte Zeitwörter

Zeitwörter werden großgeschrieben, wenn ein Verhältniswort (zum, beim ...) davorsteht: **beim Arbeiten, durch Abschreiben.** Durch das Davorsetzen eines Verhältniswortes wird das Zeitwort zum Namenwort.

138 Auf dem Markt

Alle **Städte**, ob **englische**, **französische**, **italienische** oder andere, haben mindestens einmal in der Woche einen Markt. Dort kann man viele praktische und hübsche Dinge kaufen. Am wichtigsten aber sind die Nahrungsmittel wie frisches Obst und Gemüse.

Wenn es bei uns auch nicht so bunt aussieht und so gut duftet wie auf den **orientalischen Märkten**, so haben wir doch ein großes Angebot aus den verschiedensten Ländern: **spanische Tomaten**, **griechische Trauben**, **holländischen Käse**, **französische Weine**, **italienische Öle**, **türkischen Honig**, **belgische Pralinen** und vieles andere mehr.

Wörteranzahl: 83

Ableitungen auf -isch

Die von Eigennamen abgeleiteten Eigenschaftswörter auf *-isch* werden kleingeschrieben:
spanische Tomaten,
der französische Wein.

139 Treffpunkte für Händler und Kunden

Schon seit vielen Jahrhunderten gibt es immer wieder große Ausstellungen, auf denen Händler ihre Waren bekanntmachen* und etwas anpreisen.

So kann man jede Menge Bücher auf der **Frankfurter** und **Leipziger Buchmesse** sehen und die modernste Kleidung auf der **Düsseldorfer** oder **Leipziger Modemesse**. Schwere Maschinen für Fabriken gibt es auf der Messe in Hannover zu sehen, und Boote in allen Größen findest du auf der **Düsseldorfer Bootsausstellung**.

Alle möglichen Arten von Lebensmitteln wie **Schweizer Käse**, **Kieler Sprotten**, **Wiener Schnitzel**, **Tiroler Speck**, **Schwarzwälder Rauchschinken** und vieles andere kannst du auf einer Lebensmittelmesse in Berlin sehen.

Wörteranzahl: 93

* *bekannt machen* ist auch richtig

Ableitungen auf -er

Ableitungen von geografischen Eigennamen auf *-er* schreibt man groß:
die Frankfurter Buchmesse,
der Tiroler Speck.

140 So ein Schreck!

Obwohl es gestern sehr kalt war, machten wir eine Autofahrt. Wir fuhren einfach **ins Blaue**. Es war herrlich. Wir kamen an Feldern und Wäldern vorbei. Während wir gemütlich **im Warmen** saßen, hatten die Leute draußen Mützen und dicke Jacken an. Besonders kalt war es den armen Fahrradfahrern, denn der Wind war sehr eisig.

In einer alten finsteren Gaststätte aßen wir unser Mittagessen. Da hörte ich **aus dem Dunkeln** ein Geräusch, aber leider konnte ich nichts erkennen. Doch plötzlich sprang eine große schwarze Katze an mir vorbei **ins Helle**. Du glaubst nicht, wie ich mich erschreckt habe.

Wörteranzahl: 96

substantivierte Eigenschaftswörter

Eigenschaftswörter werden in der Regel kleingeschrieben. Du schreibst sie jedoch groß, wenn
- ein Verhältniswort davorgesetzt ist: **ins Blaue, aus dem Dunkeln;**
- ein Fürwort davorsteht: **eure Kleinen, seine Große.**

Diese Wörter machen das Eigenschaftswort zu einem Namenwort.

141 Lea Sonnenschein

Wenn Lea Sonnenschein morgens aufsteht, freut sie sich auf **das Beste** des Tages, auf das Frühstück. Wenn sie aus dem Fenster schaut, erfreut **das Blau** des Himmels und das Leuchten der Sonne sie ebenso wie **das Dunkle** und **Unheimliche** von schweren Regen- und schwarzen Gewitterwolken. In der Zeitung liest sie **das Neueste** aus aller Welt. Dann beginnt sie mit der Arbeit.

Sie überlegt sich, was **das Nächste** ist, das getan werden muss.

Den ganzen Tag über achtet sie auf **das Schöne** und **Lustige**, das er ihr bietet. **Böses** und **Trauriges** versucht sie zu vermeiden. **Das Letzte**, was sie am Tag genießt, ist ein schöner Film oder ein spannendes Buch. Lea Sonnenschein ist ein fröhliches Mädchen.

Wörteranzahl: 115

substantivierte Eigenschaftswörter

Eigenschaftswörter werden großgeschrieben, wenn man einen bestimmten (der, die, das) oder unbestimmten (ein, eine, ein) Begleiter davorsetzt:
das Beste, das Blau. Dies macht sie zu Namenwörtern.

Sie werden auch großgeschrieben, wenn das dazugehörige Namenwort im Satz fehlt:
Böses, Trauriges.

142 Woher kommen die Jeans?

1848 wurde auch der Deutsche Levi Strauß vom Goldrausch nach Amerika gelockt.

Er nahm mehrere Ballen von kräftigem blauem Segeltuch mit und hoffte, es dort für Zelte oder Wagenplanen verkaufen zu können. Aber **im Großen und Ganzen** bestand kein Bedarf dafür. Denn was hier gebraucht wurde, waren **im Wesentlichen** derbe Hosen.

Levi Strauß überlegte nicht lange. Er tat **das einzig Richtige** und nähte Hosen aus diesem festen Stoff. Diese Hosen wurden ein Welterfolg. Heute werden jedes Jahr mehr als 500 Millionen Jeans verkauft.

Sie werden von **Alt und Jung**, **Arm und Reich**, **Groß und Klein** begeistert getragen – sowohl beim Arbeiten als auch bei feierlichen Anlässen.

Wörteranzahl: 105

Wortgruppen und Paarformeln

Eigenschaftswörter werden großgeschrieben
- in festen Wortgruppen:
  im Großen und Ganzen, das einzig Richtige
- und in Paarformeln, wenn sich diese auf Personen beziehen: **Alt und Jung, Arm und Reich.**

143 Unsere Haustiere

In Laufe von Jahrtausenden hat der Mensch viele Tiere gezähmt. Das erste Tier war der Hund. Er stammt vom Wolf ab. Der Wolf selbst ist bis heute ein wildes Tier geblieben, vor welchem dem Menschen **bange ist**.

Ebenso treue Gefährten wie der Hund sind das Pferd und die Katze. Die Katze ist besonders beliebt als Wohngefährte, obwohl sie ein kleines Raubtier geblieben ist, das seine Freiheit liebt.

Haustiere wie Rind, Schwein und Huhn versorgen uns mit Nahrungsmitteln. Leider **sind** wir Menschen **schuld** daran, dass viele dieser Tiere unseretwegen leiden. Mir **wird angst** und **bange**, wenn ich mir vorstelle, in welch engen Käfigen und Ställen sich viele dieser Tiere quälen müssen.

Wörteranzahl: 110

angst, bange, gram, leid, pleite, schuld, spitze

Folgende Wörter werden in Verbindung mit *sein, bleiben, werden* als Eigenschaftswörter gebraucht: z. B. *angst, bange, gram, leid, recht, schuld, spitze.* Man schreibt sie deshalb klein: dem Menschen **ist bange,** wir **sind schuld,** ich **bin** es **leid.**

144 Liebe Ria!

Nun bin ich schon seit einer Woche wieder zu Hause.

Es war sehr schön bei **euch/Euch**. Ich danke **dir/Dir**, dass **du/Du dir/Dir** so viel Zeit für mich genommen hast. Jetzt kenne ich alle **deine/Deine** Freunde und Freundinnen.

Vielleicht spielt **ihr/Ihr** gerade wieder zusammen. **Eure** Stadt gefällt mir sehr. Ich würde nächstes Jahr gerne wieder **euer/Euer** Gast sein. Aber vorher musst **du/Du** uns besuchen, denn bei uns ist es auch schön. Es wird **dir/Dir** hier bestimmt gefallen. Hast **du/Du** schon **deine/ Deine** Eltern gefragt, wann **du/Du** kommen darfst? Vielleicht darfst **du/Du** sogar **deinen/Deinen** Hamster mitbringen. Das wäre toll.

Ich freue mich auf **deinen/Deinen** Brief.

Viele liebe Grüße

deine/Deine Sara

Wörteranzahl: 107

Anredefürwörter an vertraute Personen

Die Fürwörter *du, ihr, dein, euer* und die verschiedenen Formen wie *deine, eure* ... können in Briefen an vertraute Personen klein- oder großgeschrieben werden:
Es war schön bei **euch/Euch.** Ich danke **dir/Dir.**

145 Lieber Herr Schäfer!

Schade, dass **Sie** nicht mehr unser Klassenlehrer sind. Aber Frau Fliedner ist auch sehr nett. Ihre Schwester unterrichtet an **Ihrer** Schule. Ist das nicht lustig?

Wie geht es **Ihnen** als Rektor? **Sie** sind bestimmt traurig, dass wir nicht mehr **Ihre** Klasse sind, nicht wahr?
Wir würden uns riesig freuen, wenn **Sie** uns einmal schreiben würden. In unserer Klasse hängt ein Foto von **Ihnen**. Wir haben es auf dem letzten Ausflug im Zoo gemacht. Peter wird **Ihnen** nächste Woche die Fotos schicken.

Wir wünschen **Ihnen** alles Gute und grüßen **Sie** herzlich.

Ihre ehemalige 4a

Wörteranzahl: 93

die höfliche Anrede

Die höfliche Anrede Sie und die entsprechenden Fürwörter *Ihr, Ihre* ... werden in Briefen immer großgeschrieben:
Wie geht es **Ihnen**? Wir grüßen **Sie** herzlich.

146 Betrieb in einer Großstadt

Eine Großstadt erwacht **morgens** recht früh.

Schon ab fünf Uhr fahren die ersten Bahnen, um die Leute zur Arbeit zu bringen. Zeitungsboten verteilen die Zeitungen. Um sieben Uhr sind die Straßen voll mit Autos und die Bahnen gefüllt mit Menschen. Man hört Hupen, Knattern, Lachen und Schimpfen.

Viele Leute benutzen **mittags** ihre Pause für einen kurzen Spaziergang oder Einkauf. Die Bahnen und Busse sind voll mit Schülern, die nach Hause fahren. In den Parks und Kaufhäusern, auf Einkaufsstraßen und Spielplätzen herrscht **nachmittags** Hochbetrieb.

Erst **abends** wird es wieder stiller, bis es schließlich **nachts** für wenige Stunden fast ganz still ist.

Wörteranzahl: 100

Umstandswörter wie abends

Umstandswörter auf *-s* werden immer kleingeschrieben: **morgens, nachts, sonntags.**

147 So macht es Klaus

Zuerst lernte er **gestern Morgen** in der Schule. Das macht ihm großen Spaß. Später will er Pilot werden. Da muss er allerlei wissen. Aber **gestern Nachmittag** spielte er mit seinen Freunden und Freundinnen draußen. Er kletterte auf Bäume und versteckte sich in Büschen.

Heute Nachmittag geht er zur Musikschule. Dort wird für eine Aufführung geprobt, die **morgen Abend** stattfindet. Dazu sind Eltern, Freunde und Bekannte eingeladen worden. Klaus freut sich darauf. **Übermorgen Abend** darf er mit seinem Freund einen spannenden Film im Fernsehen ansehen. Darauf freut er sich schon seit **heute Morgen**. Aber jeden Tag will er nicht fernsehen, denn es gibt so viel Schönes zu unternehmen.

Wörteranzahl: 107

Tageszeiten

Tageszeiten, die nach *gestern, vorgestern, heute, morgen* und *übermorgen* stehen, werden großgeschrieben: **gestern Morgen, heute Nachmittag.**

148 Was Kai und Nina gerne tun

Kaum ist die Schule vorbei, sind Kai und Nina schon wieder unterwegs. Sie gehen mit anderen Kindern **Rollschuh laufen**. Das macht ihnen viel Spaß. Wenn im Winter der große Teich im Park zugefroren ist, sieht man sie alle **eislaufen**. Sie bleiben dort, bis es dunkel wird.

Jeden Morgen sieht man Kai außerdem zehn Minuten **Tee trinken**. Das wäre sehr gesund, meint er. Er muss es wissen, denn er will Sportler werden. In den Osterferien gehen die beiden immer mit ihren Eltern in die Schweiz **Ski laufen**. Darauf freuen sie sich das ganze Jahr. Aber sie finden es nicht schön, dass sie an den Liften so oft **Schlange stehen** müssen.

Wörteranzahl: 110

Verbindungen von Namenwörtern und Zeitwörtern

Enge Verbindungen von Namenwörtern und Zeitwörtern werden getrennt geschrieben: **Rollschuh laufen, Ski laufen.** Aber: **eislaufen** schreibt man klein und zusammen.

149 Mark und Max

Mark und Max sind Zwillinge. Die Kinder aus ihrer Klasse finden, dass sich die beiden gar nicht ähnlich sehen. Sie haben auch ganz verschiedene Hobbys.

Mark liebt **das Bücherlesen** und **das Briefmarkensammeln**. Max hat dafür keine Geduld. Er zieht **das Radfahren** und **das Rollschuhlaufen** vor. Das kann ihm alles gar nicht schnell genug gehen. Er klettert, läuft und springt am liebsten. Deshalb hasst Max auch **das Schlangestehen** im Supermarkt, während Mark es genießt und sich dabei alles ansieht oder einen Comic liest. **Das Autofahren** kann Max gar nicht leiden, denn dabei wird er immer seekrank.

Mark kann das nicht verstehen. Ihm wird nie schlecht.

Wörteranzahl: 104

Substantivierung von Namenwort-Zeitwort-Verbindungen

Wenn ein Begleiter vor einer engen Verbindung aus Namenwort und Zeitwort steht, wird diese groß- und zusammengeschrieben, denn der Begleiter macht sie zu einem Namenwort: **das Rollschuhlaufen, das Radfahren.**

150 Die langweilige Paula

Wenn Paula nicht endlich **schreiben lernt**, wird sie die Klasse wiederholen müssen. Das weiß Paula genau. Aber sie will nicht **schreiben lernen**. Sie will auch nicht **lesen lernen**. Ja, sie will noch nicht einmal neue Spiele **spielen lernen**. Sie will immer nur auf dem Sofa liegen und fernsehen. Sie mag auch nicht **schwimmen gehen**. Das ist ihr zu lästig.

Sie ist schon ganz dick, weil sie sich kaum bewegt. Aber das ist ihr egal. Der Arzt sagt, sie soll turnen oder wenigstens oft **spazieren gehen**. Aber Paula sieht nur fern. Es ist klar, dass die anderen Kinder in der Schule Paula einfach übersehen. Was soll man mit so einem langweiligen Mädchen schon anfangen?

Wörteranzahl: 113

Verbindungen aus zwei Zeitwörtern

Auch Zeitwörter, die vom Sinn her eng zusammengehören, werden trotzdem getrennt geschrieben: **schwimmen gehen, schreiben lernen.**

151 Verschiedene Hobbys

Das Spazierengehen ist gesund, heißt es. Aber manche Kinder finden es ein bisschen langweilig. Sie meinen, dass es **beim Schwimmengehen** mehr zu lachen und zu erleben gibt. Da das sehr gesund ist, sollte man ruhig öfters schwimmen gehen.

Susis Hobby ist **das Schreibenlernen** von verschiedenen Schriften. Sie kann jetzt sogar so schreiben, wie die Leute vor 800 Jahren geschrieben haben. Das ist gar nicht so leicht. Ihr Bruder bevorzugt **das Lesenlernen** römischer Zahlen. Er kann sie schon ganz schnell entziffern und freut sich immer, wenn er irgendwo eine lange römische Zahl entdeckt.

Weißt du auch, was die Zahl MCMXCVIII bedeutet?

Wörteranzahl: 100

Substantivierung von Zeitwort-Zeitwort-Verbindungen

Werden Verbindungen aus zwei Zeitwörtern jedoch als Namenwort gebraucht, werden sie zusammen- und großgeschrieben:
das Schreibenlernen, beim Schwimmengehen.

152 Fips, der kleine Affe

Plötzlich sah Clown Rico seinen Affen Fips **davonlaufen**. „Halt, bleib hier!“, rief er. Aber Fips war schon zu den Artisten **hinausgesprungen**. Die Zuschauer freuten sich, als sie Fips in der Manege **hin- und herspringen** sahen. Rico musste entsetzt die Hände **zusammenschlagen**, als er sah, wie Fips dem Artisten die Keule **fortnahm**, schnell die Stange **hochkletterte** und von dort oben ganz frech **herunterspuckte**.

Man hörte die Zuschauer laut **loslachen** und klatschen, denn sie hielten das für einen Teil der Nummer. „Am besten ist es, wenn ich ihn von dort **weghole**“, dachte Rico. Doch als er die Stange **hinaufkletterte**, **sprang** Fips **hinunter**.

Schwupp, landete er in den Armen eines Artisten.

Wörteranzahl: 108

trennbare Zusammensetzungen bei Zeitwörtern

Trennbare Zusammensetzungen von Zeitwörtern werden in der Grundform **(davonlaufen)**, als Mittelwort **(davongelaufen)** und am Ende eines Nebensatzes zusammengeschrieben (Ich sehe, dass er **davonläuft.**).

Ansonsten werden sie getrennt geschrieben. Beispiele: **Wann läufst du davon? Anna läuft erst später davon.**

153 Der moderne Fischfang

Große Fischerboote fahren täglich auf die See hinaus und fangen die Fische mit großen Schleppnetzen. Japanische Fischer benutzen sogar Netze, die kilometerlang sind. Man kann sich nicht vorstellen, **wie viele** Fische dort hineinpassen. **Wie viele** Tiere mögen dabei sinnlos sterben, da sie gar nicht als Nahrung verwendet werden können.

Weil ständig Schiffe unterwegs sind und große Mengen Fisch gefangen werden, werden **zu viele** Fische gefangen. Manche Fischarten sind deshalb inzwischen fast ganz ausgestorben, andere Arten sind nur noch ganz selten. Ob es wirklich nötig ist, dass täglich **so viele** Fische gefangen werden?

Wörteranzahl: 92

so, wie, zu und viel

so, wie, zu und das Wörtchen *viel* werden in Verbindungen getrennt geschrieben:
so viel/so viele,
wie viel/wie viele,
zu viel/zu viele.

das Dehnungs-h

Wenn die Umlaute *ä, ö, ü* in einem Wort lang gesprochen werden, werden sie häufig durch ein Dehnungs-*h* ergänzt: **gefährlich, Stühle, Höhle.**

Das Dehnungs-*h* steht außerdem oft vor den Mitlauten *l, m, n* oder *r.*

154 Früh am Morgen

Lisa muss **allmählich** aufstehen. Aber sie mag sich nicht **rühren**, denn draußen regnet es. Außerdem gibt es heute bestimmt ein Diktat in der Schule. Und im Bett ist es **ungefähr** genauso schön warm und gemütlich wie in einer **Höhle**. „Ich **zähle** bis zehn, und dann reiße ich dir die Bettdecke weg!", ruft die Mutter. Lisa **stöhnt**. Ist es nicht **gefährlich**, ein Kind so grausam zu wecken?

Sie hört, wie die Mutter **Stühle** rückt und ein Lied singt. Wie kann man an einem solchen Morgen nur so **fröhlich** sein?

Lisa **gähnt** und kriecht aus dem Bett. Aber nun schnell waschen und **frühstücken**. Sonst **fährt** ihr der Bus vor der Nase weg.

Wörteranzahl: 110

155 Überraschung am Nachmittag

Als Karin nach Hause kam, war **die** Wohnung still. Im Radio **spielte** leise **Musik**, aber **niemand** war da. Auf dem Tisch lag ein Stück **Papier**. **Neugierig** las Karin, was **ihr** Vati **geschrieben** hatte.

„**Liebe** Karin“, **hieß** es da. „Ich glaube, Mutti **kriegt** jede Minute unser Baby. Ich bin mit **ihr** ins Krankenhaus gefahren. Im Eisschrank **gibt** es **vielleicht** etwas zu essen für dich.“

Karin **schlief** beinahe schon, als der Vater endlich kam. Er sah **ziemlich** müde aus. „Es war alles etwas **schwierig**. Aber du hast nun einen kleinen Bruder. Es geht **ihm** gut, und Mutti lässt **dir** sagen, dass **sie** bald zu Hause ist.“ Nun konnte Karin **friedlich** einschlafen.

Wörteranzahl: 109

vorgelesen

diktiert

Wörter mit i, ie oder ih

Das lang gesprochene *i*
- wird oft *ie* geschrieben: **spielen, Papier;**
- wird in wenigen Wörtern als *ih* geschrieben: **ihr, ihm, ihnen;**
- wird selten nicht gekennzeichnet und kommt so vor allem in Fremdwörtern vor: **gibt, dir, Musik, Kino, Apfelsine.**

wieder oder wider

Achtung, nicht verwechseln!

- Das mit *ie* geschriebene *wieder* bedeutet *noch einmal* oder auch *zurück:* **wiederholen, wiederkommen.**
- Das mit einfachem *i* geschriebene *wider* bedeutet *gegen:* **widerwillig, widersprechen.**

156 Ein Widerspruch

„Was ist das für ein **widerlicher** Geruch in deiner Büchertasche?“, fragte die Mutter. Oje! Maria hat schon **wieder** ihr Pausenbrot nicht gegessen, allerdings vor einer Woche. **Widerwillig** zieht die Mutter das matschige Päckchen hervor.

„Wie oft soll ich das noch **wiederholen**? Wenn du mittags **wiederkommst**, musst du dein Brot aus der Tasche holen. Warum bist du nur so **widerspenstig**!“
„Das bin ich doch gar nicht“, **widerspricht** Maria.
Sie musste in der Pause Geld für „Brot für die Welt“ einsammeln. Da hatte sie gar keine Zeit, etwas zu essen.

Aber das soll nicht **wieder** vorkommen. Es ist schon **widersinnig**, Geld für hungernde Kinder einzusammeln und das eigene Brot zu vergessen. Oder?

Wörteranzahl: 110

157 Gute Noten

Frau Zimmer gibt der Klasse die Aufsätze zurück. „Ich möchte euch **gratulieren**“, sagt sie, „ihr habt wunderbar geschrieben. Lea, ich wusste gar nicht, dass du dich so für Fußball **interessierst**. Und David ist bestens über den Sternenhimmel **informiert**. Allerdings müssen viele von euch noch **probieren**, sauberer zu schreiben. Mir ist es doch bei Lisa **passiert**, dass ich manche Wörter gar nicht lesen konnte.“

Nur Anna ist etwas traurig. Sie hat nicht so gut abgeschnitten. Aber Frau Zimmer hat schon mit ihrer Mutter **telefoniert**. Nun weiß sie, dass sich Anna zurzeit schlecht **konzentrieren** kann. Aber unter ihrem Aufsatz steht: „Nur nicht den Mut **verlieren**! Du wirst es schon schaffen.“

Wörteranzahl: 109

Zeitwörter mit der Endung -ieren

Viele Zeitwörter enden auf *-ieren:*
gratulieren, probieren, passieren.
Du schreibst sie klein.

158 Geburtstag im Garten

Lena hat im **September Geburtstag**. Am Nachmittag feiert sie mit ihren Freundinnen im **Garten**. **Lecker**! Es **gibt frischen Apfelkuchen** und dazu **Fruchtsaft**.

Alle **Gäste** haben **Hunger**. „Wenn nur die **lästigen Wespen nicht** wären“, **schimpft** Tina. „Neulich **musste** ich **extra** zum Arzt, weil ich **gestochen** wurde.“ Aber **manche Wespen** sind **ganz schwach** und **krabbeln** nur **langsam** über den **Tisch**.

„**Jetzt** braucht ihr keine **Angst** mehr vor ihnen zu haben“, sagt Lenas Mutter. „Im **Herbst sterben** die **Wespen**. Nur **manche** Weibchen bleiben am Leben. Erst im nächsten **März** oder **April** legen sie ihre Eier. Seid **dankbar**, dass wir **Menschen** ein **solches** Problem nicht haben. **Sonst könnten** wir alle nur ein einziges Mal Geburtstag feiern.“

Wörteranzahl: 112

Häufung von Mitlauten

Nach kurzen Selbstlauten folgen fast immer mehrere Mitlaute hintereinander: **Fruchtsaft, extra.**

Manchmal kommen die Mitlaute auch doppelt vor: **musste, könnten.**

159 Fasching

In diesem Jahr sollte mich beim Fasching wirklich niemand wiedererkennen. Zuerst habe ich mir von Mutti ein kaputtes **Betttuch** genommen und über mich gelegt. Dort, wo die Augen sind, habe ich Löcher hineingeschnitten. Und um den Hals wurde es mit einem **Stofffaden** etwas zusammengebunden, damit es nicht rutscht.

Und dann habe ich lange geübt, dass niemand meine Stimme erkennt: Ich habe gebellt, gebrummt und geflüstert.

Wie eine **Balletttänzerin** schritt ich zur Tür hinaus. Doch dann ist leider etwas Dummes passiert. Das **Flanelllaken** war nämlich zu lang und ich bin voll auf die Treppe gefallen. Mein Jammern hat mich dann verraten. Ob ich es im nächsten Jahr schaffe, unerkannt durch den Fasching zu kommen?

Wörteranzahl: 113

vorgelesen

diktiert

drei gleiche Mitlaute

Manche Wörter haben am Wortende doppelte Mitlaute (Stoff, Bett). Bei Zusammensetzungen treffen dann manchmal drei gleiche Mitlaute aufeinander: **Stofffaden, Betttuch.**

160 Sara wird krank

Gestern hatte Sara gar keinen Hunger. Beim Abendbrot **bekam** sie überhaupt nichts herunter. „**Greif** doch zu“, sagte Oma, „und **nimm** etwas von dem **geschnittenen** Käse. Den **isst** du doch so gerne. Ich **schneide** dir auch eine Scheibe von dem frischen Brot ab.“

Sara **aß** ein paar Bissen: „Mir wird **schrecklich** elend, wenn ich nur an **Essen** denke.“ Oma **griff** ihr an die Stirn und **erschrak**: Sara war ganz heiß. „Ich glaube, du hast auch die Grippe **bekommen**. Ich werde jetzt ein kaltes Tuch **nehmen** und dir einen Wickel machen.“

Eigentlich war Sara ganz froh. Jetzt musste sie morgen nicht in die Schule. Aber sie **nahm** sich vor, bald gesund zu werden.

Wörteranzahl: 111

Wortfamilien mit und ohne Mitlautverdoppelung

In manchen Wortfamilien kommen sowohl Wörter mit einfachen als auch mit doppelten Mitlauten vor: **schneiden – geschnitten, greifen – griff, bekam – bekommen.**

Achte darauf, ob der davorstehende Selbstlaut kurz oder lang gesprochen wird.

161 Eine kleine Familie

Katzen können mehrmals im Jahr Junge bekommen. Beim **letzten** Mal war Daniel dabei. Eins, zwei, drei kleine, gestreifte Wesen und **zuletzt** ein weißes! Aber was war das? Da lag **plötzlich** noch ein rabenschwarzes **Kätzchen** neben seinen Brüdern und Schwestern!

Zuerst waren die Augen der kleinen **Katzen** geschlossen, man konnte dort nur **Schlitze** erkennen. Die Kleinen waren nie **schmutzig**, weil die Mutter sie immer sauber leckte*. Aber manchmal verließ sie auch das Nest, um spazieren zu gehen. **Trotzdem** schliefen ihre Jungen ruhig weiter.

Daniel konnte stundenlang vor dem Nest **sitzen**. Nur seine Eltern machten sich allmählich Gedanken. Gab es denn wirklich **Platz** für sechs **Katzen** in ihrer kleinen Wohnung?

Wörteranzahl: 108

* *sauberleckte* ist auch richtig

Tipp:

z gibt es nicht als Doppelmitlaut. Daher schreibt man nach kurzen Selbstlauten *tz:* **Katze, schmutzig.**

tz ist trennbar: **Kat-ze, schmut-zig.**

162 Das Glück im Kuchen

Gestern hatte Utas Schwester Eva Namenstag. Als Geschenk hat Uta ihr einen Kuchen **gebacken**. Ein besonderer Kuchen war das schon, denn er sollte Eva **Glück** bringen. Deswegen hat Uta einen Cent im Kuchen **versteckt**.

Als sie ihn **verpacken** wollte, fiel Uta etwas ein: Wenn nun Eva ein **Stück** Kuchen ohne den Cent bekommen würde? Ob das etwa **Unglück** bringt? Aber dann hatte Uta eine gute Idee.

Beim **Frühstück** bekam jeder ein **dickes Kuchenstück**. Und nicht nur Eva, sondern Vater, Mutter und Uta fanden dort einen **Glückscent**. Den hatte Uta für jeden extra **hineingedrückt**. Kein Wunder, dass dies ein besonders schöner Namenstag wurde.

Wörteranzahl: 102

Wörter mit ck

Es gibt auch keine deutschen Wörter mit *kk*.
Nach kurzem Selbstlaut steht *ck:*
Glück, backen.

ck kann nicht getrennt werden:
ba-cken, Stü-cke.

163 Auf der Fabrikmauer

Eine späte **Oktobersonne** schickte ihre Sonnenstrahlen auf Sven, Florian und Lena.

Die Kinder saßen gemütlich auf der Mauer einer **Schokoladenfabrik**. Florians Vater war der **Direktor** der **Fabrik**. Deshalb durften sie sich gelegentlich dort aufhalten, und ab und zu gab es auch ein Stück **Schokolade**. Florian freute sich, wenn er an die **Mathematikarbeit** vom Vormittag dachte.

„Zuerst hatte ich gar nichts verstanden“, erzählte er. „Ich dachte schon, dass ich so viele Fehler machen würde wie gestern im **Diktat**. Aber dann hast du mir ja ein paar Tipps gegeben, Lena. Danke schön. Deshalb klappte es schließlich doch, und ich wurde sogar als Erster fertig.“ „Herzlichen Glückwunsch“, lachte Sven.

Wörteranzahl: 107

Wörter mit einfachem k

Einige Wörter werden mit einfachem *k* geschrieben, obwohl der Selbstlaut davor kurz gesprochen wird. Diese Wörter kommen aus anderen Sprachen, z. B. **Oktober, Direktor, Fabrik.**

164 Die Nachtwanderung

Punkt 23 Uhr! In allen **Räumen** des Schullandheimes wird es lebendig. Die Kinder versammeln sich mit ihren Taschenlampen vor dem **Gebäude** zu einer Nachtwanderung.

„Nun darf kein **Geräusch** mehr zu hören sein", ermahnt Frau Riedel. Bald haben sie die **Häuser** hinter sich gelassen. Wie die **Mäuschen** huschen sie leise in den Wald. Ein **Käuzchen** ruft. Die **Bäume** und **Sträucher** nehmen unheimliche Formen an, wenn eine Taschenlampe aufleuchtet. Es geht immer weiter. „Und nun die Mutprobe! Wer traut sich?", fragt die Lehrerin. Alle Kinder melden sich. Immer zu zweit gehen sie einen finsteren Waldweg entlang. Nur Lukas **läuft** ganz schnell. Hat er doch Angst?

In der Nacht **träumen** die Kinder von Gespenstern und Waldgeistern.

Wörteranzahl: 112

vorgelesen

diktiert

Wörter mit äu

Wörter mit *äu* haben meistens verwandte Wörter mit *au:*
Bäume – Bäume,
Käuzchen – Kauz,
läuft – laufen.

165 Reime

Maiglöckchen blühen im **Mai**.
Eine Hafenmauer heißt **Kai**.

Ein Kind, das elternlos ist, ist eine **Waise**.
Eine kluge Frau ist weise.

Die Amerikaner essen gern **Mais**,
die Japaner lieber Reis.

Eine Geige hat vier **Saiten**.
Ein dickes Buch hat viele Seiten.

Ein mächtiger Herrscher ist ein **Kaiser**.
Wer ständig schreit, wird heiser.

Ein ganzes Brot ist ein **Laib**.
Früher sagte man nicht Frau, sondern Weib.

Wer kein Experte ist, ist ein **Laie**.
Als gefährliche Fische gelten die **Haie**.

Froscheier heißen **Laich**,
Frösche quaken laut im Teich.

Ein Wirbelsturm ist ein **Taifun**,
jetzt lass deinen Bleistift ruhen!

Wörteranzahl: 96

Wörter mit ai

Wörter mit *ei* und *ai* klingen gleich, deshalb musst du dir die wenigen Wörter mit *ai* einprägen:
z. B. **Mai, Kaiser, Laib, Waise ...**

166 Echte Freundschaft

Lea und Ina sind die besten Sportlerinnen des vierten Schuljahres.

Sie trainieren schon seit ein **paar** Wochen für das Sportfest. „Lea läuft schneller als Ina“, prophezeien ein **paar** Jungen. Endlich ist der große Tag da. Lea hat von ihren Eltern sogar ein **Paar** neue Turnschuhe bekommen. Das vierte Schuljahr wartet gespannt auf den 50-m-Lauf. Die Kinder stellen sich zu **Paaren** auf. Lea und Ina stehen am Start. „Auf die Plätze! Fertig! Los!“ Lea übernimmt die Führung. Ihre Freundinnen jubeln. Doch plötzlich stolpert Lea und fällt hin. Was macht Ina? Sie bremst ihren Lauf ab, kommt ein **paar** Meter zurück und hilft ihrer Freundin. Gemeinsam laufen sie über die Ziellinie.

Wörteranzahl: 109

Paar und paar

Wenn man *paar* durch *einige* ersetzen kann, schreibt man es klein. Es ist dann ein unbestimmtes Zahlwort:
ein **paar** Jungen = (einige Jungen),
ein **paar** Wochen (= einige Wochen).

Meint man aber das *Paar*, das aus zweien besteht, schreibt man es groß: ein **Paar** Schuhe.

167 Die Empfehlung

Immer wenn die Pflaumen reif sind, hat die Religionslehrerin Ina Betbach oft Besucher in ihrem Garten, die sie gar nicht eingeladen hat.

Dann steigen die Schüler heimlich über die Mauer, **stampfen** über die Blumenbeete und stehlen Pflaumen. Die Lehrerin hat schon oft mit ihnen **geschimpft**. Umsonst!

Doch als die Jungen und Mädchen neulich sogar um die schönsten Pflaumen **kämpften**, wurde es ihr zu bunt. Sie nagelte ein Schild an einen **Baumstumpf** und **empfahl**: „Lasst es sein! Gott sieht alles!" Am nächsten Tag stand darunter: „Aber er verrät es nicht."

Wörteranzahl: 89

Wörter mit mpf

Wenn viele Mitlaute hintereinanderstehen, wie z. B. bei *mpf*, erleichtert dir deutliches Sprechen das Schreiben: **stampfen, Baumstumpf.**

168 Am 23. September

Die Lehrerin bittet Anna: „**Schreibst** du bitte einen Satz an die Tafel?“ Anna **hopst** fröhlich nach vorn und **schreibt**: Heute ist **Herbstanfang**.

Da sagt Anna: „Das habe ich heute Morgen **selbst** gemerkt. Der **Herbstwind** hat in unserem Garten das letzte **Obst** von den Bäumen geschüttelt. Dabei ist mir ein Apfel auf den Kopf **geplumpst**.“

Oliver ruft: „Ich habe auf der **Hauptstraße** ganz viel Staub in die Augen bekommen.“ „Und mir hat der **Herbstwind** die Kappe vom Kopf geblasen“, kreischt Uli dazwischen.

„Ich glaube, du **bleibst** morgen lieber zu Hause. Wer weiß, was du sonst noch alles mit dem Wind **erlebst**“, **piepst** die kleine Marie.

Wörteranzahl: 105

vorgelesen

diktiert

bs oder ps?

b und *p* klingen vor *s* und *t* gleich. Wenn du nicht weißt, ob du *b* oder *p* schreiben sollst, hilft es manchmal, wenn du ein verwandtes Wort suchst: **bleibst – bleiben, hopst – hopsen.**

169 Vorsicht, an Pfingsten ist viel los!

Viele Schüler haben nur kurze **Pfingstferien**, aber einige Schulen **verlängern** sie mit ihren beweglichen **Ferientagen**.

Meine **Freundin** konnte immer zu **Pfingsten verreisen**. Meistens **flog** sie mit dem **Flugzeug**, aber in diesem Jahr **fuhr** sie mit ihren Eltern im Auto nach Österreich. Bald schon standen sie auf der Autobahn im Stau, denn **viele** Leute machten einen **Ausflug**. Der Vater **schimpfte**: „Das ist nur deine Schuld. Du warst erst so spät mit Packen **fertig**.“ „Ich musste noch unserem **Vogel Futter** geben und alle **Pflanzen** gießen“, entgegnete die Mutter. Langsam **fuhren** sie weiter. Die Straße war wieder **frei**.

Vor Vergnügen pfiff Vater ein **fröhliches** Lied.

Wörteranzahl: 102

f, v oder pf?

Es gibt keine Regel dafür, wann *f* und wann *v* geschrieben wird. Deshalb merkst du dir am besten die Wörter, die mit *v* geschrieben werden: z. B. **viel, Vogel, verreisen.**

Aber bei *pf* hilft dir deutliches Sprechen: **Pfingsten, Pflanzen.**

d oder t?

d und *t* klingen im Auslaut gleich. Manchmal hilft es, wenn man das Wort verlängert, indem man die Mehrzahl **(Grund – Gründe)** oder die Grundform **(band – binden)** bildet, oder wenn man die Stammform **(bellend – bellen)** sucht.

170 Der wackelige Zahn

Konstantin und sein **Freund Vincent** kamen **gut gelaunt** vom **Strand** nach Hause. **Laut bellend** lief ihnen Vincents **Hund** entgegen.

Da rief Konstantin auf einmal **erschreckt**: „Mein Zahn **wackelt**! Guck mal!“ Er sperrte seinen **Mund weit** auf. **Vincent fand** das **nicht** so schlimm und sagte: „Das **ist** doch kein **Grund** zum Jammern. Ziehe ihn einfach raus!“ „Wie denn?“ Ohne viele Worte **band Vincent** das Ende eines Bindfadens um den Zahn, **während** er das andere Ende an einer Türklinke verknotete.

Peng! Die Tür **knallt** zu! Konstantin **erschrickt** und **schreit** auf. Noch ein Schrei **ertönt**. **Vincent hat** sich seinen Finger **eingeklemmt**. „Das **tut** mir **leid**“, **stottert** Konstantin, **während Vincent** seinen Finger **kühlt**, „aber mein Zahn **ist** draußen!“

Wörteranzahl: 114

171 Zum Römer

Herr Schmitz wohnt gleich neben der alten **Stadtmauer** einer **Kleinstadt** am Rhein. Er ist der **stattliche** Wirt der **Gaststätte** „Zum Römer".

Jedes Wochenende besuchen zahlreiche Gäste sein Gasthaus. Es ist in der ganzen **Stadt** bekannt, dass es hier den besten Wein und das beste Essen gibt. Den Wein trinkt man aus herrlichen Tonkrügen, die Herr Schmitz in seiner **Werkstatt** neben dem alten **Stadttor** selbst herstellt. Sein Sohn Hannes hilft ihm dabei. **Anstatt** zu lernen oder zu spielen, hockt er lieber den ganzen Nachmittag an der Drehscheibe.

Er ist ein richtiger Künstler. Viele Leute wollen seine Krüge kaufen.

Wörteranzahl: 97

Stadt oder statt?

Wörter, die *Stadt* enthalten, haben alle mit der Stadt, also einem größeren Ort, zu tun. Es gibt nur wenige Wörter mit *statt.* Am besten lernst du sie auswendig: z. B. **stattlich, anstatt, stattdessen, Werkstatt, Gaststätte.**

172 Die roten Waldameisen

Neulich war unsere Klasse mit einem Förster im Wald. Als wir an einem Ameisenhügel vorbeikamen, sollten wir **stehen** bleiben. „Niemals dürft ihr einen Ameisenbau **zerstören**. Ameisen sind nützliche Tiere. Sie **schützen** unseren Wald. Da, **schaut**! Mehrere Ameisen **schieben** und **stoßen** eine tote Raupe weg."

Der Förster legte ein weißes **Taschentuch** auf den Ameisenhügel. Sofort krabbelten unzählige Ameisen auf das Tuch. Wir **staunten**. Niemand **sprach** ein Wort. Nach einiger Zeit nahm der Förster sein **Taschentuch**, **schüttelte** alle Ameisen ab und ließ uns an dem Tuch riechen. Es roch **stark** nach Säure. Die Ameisen hatten ihr Gift auf das Tuch **gespritzt**. So **bespritzen** und töten sie Käfer, Raupen, Würmer, Grillen und **Spinnen**.

Wörteranzahl: 110

sch, sp oder st

In vielen Wörtern hörst du einen *sch*-Laut.
Sie werden aber nicht immer mit *sch* geschrieben.
Deshalb merke dir diesen Tipp: Vor *p* und *t* steht nur *s*, niemals *sch*, obwohl es so klingt:
stehen, zerstören, spritzen, Spinnen.

173 Wasser aus dem Berg

Till verbrachte die Sommerferien mit seinen Eltern in den Bergen. Sie hatten ein gemütliches **Quartier** gefunden. Nachts hörten sie Frösche **quaken**.

An einem schönen Tag machten sie eine größere Wanderung. Auch Till hatte seine **bequemen** Wanderschuhe angezogen, und so machte ihm das Wandern Spaß. Er hatte noch nicht einmal **gequengelt**. Plötzlich hörte er ein Plätschern. Aus einer Felsspalte sprudelte klares Wasser hervor. Eine **Quelle**! Sofort lief Till hin und ließ das Wasser über seine Hände laufen. Es war eiskalt. Till und seine Eltern ließen sich das saubere **Quellwasser** schmecken.

Auf dem Rückweg pflückten sie Blaubeeren, denn die wollten sie am Abend mit **Quark** essen.

Wörteranzahl: 105

Wörter mit qu

Hörst du ein *kw*, schreibe *qu*:
Quartier, Quelle, bequem.
Es gibt kein Wort, das mit *kw* geschrieben wird!

174 Die Eidechse

Wenn du Glück hast, **entdeckst** du vielleicht an einem Sommertag **unterwegs** eine **Eidechse** auf einem warmen Stein.

Am besten **legst** du dich ganz still ins Gras. Diese kleinen Tiere sind flink und lebhaft, wenn es warm ist. Sie sind schneller, als du **denkst**! Ist es dagegen kühl, sind sie träge und langsam. Das hängt mit ihrer **wechselnden** Körpertemperatur zusammen, die bei Wärme steigt und bei Abkühlung sinkt. Im Herbst verkriecht sich die **Eidechse** in ein Versteck und überwintert in der Winterstarre.

Hast du schon einmal versucht, eine **Eidechse** an ihrem langen Schwanz festzuhalten? Du wirst dich wundern – er bricht ab. Und ein neues Schwanzende **wächst** nach.

Wörteranzahl: 105

der ks-Laut

Der *ks*-Laut kann auf mehrere Arten geschrieben werden: **Eidechse, legst, entdeckst, denkst, Text.** Es gibt leider keine Regel dafür.

Wörter mit x

Den *ks*-Laut schreibst du auch manchmal als *x:*
Text, Taxi ...

Am besten lernst du diese Wörter auswendig.

175 Ach, Alexandra!

Max kaut am Bleistift. Er muss Hausaufgaben machen und soll eine **Textaufgabe** lösen. Aber es ist wie **verhext**!

Dauernd denkt er an **Alexandra**. Dabei findet er doch Mädchen blöd. Aber **Alexandra** ist richtig prima. Sie hat ihn heute in der Mathestunde **extra** in die Seite **geboxt** und ihn vor der Lehrerin gewarnt, als er mal wieder mit seinem Freund einen **Jux** machte. Sie ist überhaupt anders als die anderen Mädchen. Sie kichert nicht dauernd. Aber warum ist sie heute mit einem **Taxi** zur Schule gekommen?

„Morgen werde ich sie fragen", beschließt er. „Und ich frage sie auch, ob sie mit mir zu meinem Fußballspiel kommt."

Wörteranzahl: 105

176 Zirkus ohne Musik

Gespannt warten die Kinder in Kostümen auf den Beginn der Generalprobe. Morgen soll die Zirkusvorführung zur Verabschiedung der vierten Schuljahre sein.

Wann ertönt denn **endlich** die Musik zum Einmarsch? Nichts war zu hören. **Entsetzt** stammelt Michael: „Ich weiß nicht, wohin ich gestern die Kassette gelegt habe!" Ein Sturm der **Entrüstung** bricht los. Die Lehrerin lässt sich nicht **entmutigen**. Sie **entscheidet**: „Dann proben wir ohne Musik." **Enttäuscht** rufen die Artisten: „Wir können ohne Musik nicht turnen. Darum suchen wir die Kassette, während die anderen schon proben." Das ist eine gute **Entscheidung**.

Schließlich **entdeckt** Nina die Kassette im Kassettenrekorder. So kann die Generalprobe **entgegen** allen Befürchtungen doch noch gut **beendet** werden.

Wörteranzahl: 109

end- oder ent-?

- Die Silbe *end-* steht nur, wenn das Wort etwas mit *Ende* zu tun hat: **endlich** (= das Warten hat ein Ende), **beenden** (= etwas zu Ende bringen). Wörter mit *-end- werden immer auf dieser Silbe betont.*
- Die *Silbe ent-* ist eine Vorsilbe: **entmutigen, enttäuscht.** Hier liegt die Betonung niemals auf *ent-*.

177 Schuss und Tor

Seit einigen Wochen ist Jan im Fußballverein. Zweimal in der Woche geht er zum Training. **Seitdem** will er Profispieler werden.

Samstags finden immer die Meisterschaftsspiele statt. Seine Eltern begleiten ihn meistens. Sie stehen dann am Spielfeldrand und feuern ihn und seine Mannschaft an. „Weiter, du bist nicht im Abseits! Ihr **seid** schneller! **Seid** doch mutiger!“ Beim letzten Spiel gelang Jan der entscheidende Treffer. Er bekam eine steile Flanke und schoss haarscharf am Torwart vorbei ins Tor. Sein Trainer bejubelte seinen knallharten Schuss und lobte die ganze Mannschaft: „Ihr **seid** heute super!“

Seit diesem Spiel trainiert Jan noch fleißiger.

Wörteranzahl: 98

seid oder seit ?

- *Seid* kommt vom Zeitwort *sein:*
  Ihr **seid** super! **Seid** doch mutiger!
- *Seit* wird immer zeitlich gebraucht:
  Seit einigen Wochen ...
  Seitdem will er Profispieler werden.

178 Glück für die Amseln!

Lautes **Vogelgezwitscher** im alten **Fliederbaum** neben dem **Gartenzaun** ist zu hören.

Dort hat ein **Amselpaar** in einer **Astgabel** ein Nest gebaut. Nun sind die drei **Vogelkinder** geschlüpft. Sie sind noch ganz nackt. Pausenlos fliegen die **Amseleltern** hin und her und bringen Futter. Sobald sich die **Vogeleltern** dem **Nestrand** nähern, sperren die jungen Amseln ihre Schnäbel auf.

Gerade bringt der **Amselvater** einen Käfer und fliegt sofort wieder auf **Nahrungssuche**. Ganz leise schleicht sich eine Katze heran. Zum Glück hat Sandra das beobachtet. Sie öffnet die **Terrassentür** und verjagt die Katze.

Wörteranzahl: 89

vorgelesen

diktiert

zusammengesetzte Namenwörter

Namenwörter können mit anderen Namenwörtern zusammengesetzt werden und so neue Wörter bilden. Du schreibst sie groß:
Ast + Gabel = Astgabel, Vogel + Eltern = Vogeleltern.

179 Sackhüpfen

Kati hat im Juli Geburtstag.

Meistens ist so gutes Wetter, dass sie im Garten feiern kann. Damit sich ihre Gäste nicht langweilen, muss sie sich immer lustige Spiele **ausdenken**: Eierlaufen, Dosenwettrennen, Sackhüpfen und noch viele andere. Hast du schon mal Sackhüpfen gemacht? Das ist nicht so einfach. Man muss mit beiden Beinen zugleich **abspringen**, das Gleichgewicht halten und sicher **aufkommen**. Dabei muss man den Sack auch noch **festhalten**, damit er nicht **wegrutscht**. Kurz vor dem Ziel ist Martin **hingefallen**, als er seinen Freund **überholen** wollte. Pech!

Wenn die Geburtstagsfeier zu Ende ist, werden alle Kinder **heimgebracht**.

Wörteranzahl: 97

zusammengesetzte Zeitwörter

Zeitwörter können mit anderen Wörtern zusammengesetzt werden:
weg + rutschen = wegrutschen.
So entstehen neue Wörter.

zusammengesetzte Eigenschaftswörter

Du kannst neue Eigenschaftswörter bilden, indem du sie mit anderen Wörtern zusammensetzt:
Eis + kalt = eiskalt,
Stunde + lang = stundenlang.

Zusammengesetzte Eigenschaftswörter schreibst du klein.

180 So eine Hitze!

Schon **stundenlang** saßen die Kinder in der Schule und schwitzten.

„Kommt, wir gehen in den Garten. Hier im Klassenraum ist es zu heiß“, sagte die Lehrerin **verständnisvoll**. Aber auch im **wunderschönen** Garten konnte sich niemand konzentrieren. Es war **windstill**, und die Sonne schien von einem **blitzblauen** Himmel. Tom rutschte immer wieder die Brille von der feuchten Nase. Er war **kurzsichtig** und fand das gar nicht lustig. „Jetzt eine **eiskalte** Limo!“, stöhnte er. „Warum bekommen wir nicht **hitzefrei**?“, schimpften einige. „Ich kann immer nur an das **glasklare** Wasser im Schwimmbad denken.“

Da ertönte endlich die erlösende Lautsprecherstimme: „Alle Schülerinnen und Schüler dürfen jetzt nach Hause gehen!“

Wörteranzahl: 105

181 Die Grille und die Ameise

Den ganzen Sommer über hatte die Grille **unaufhörlich** gesungen. Sie hatte **unglaublich** viele Freunde, die ihrem Gesang lauschten. Es gab genug Nahrung, und die Grille lebte **unbesorgt** in den Tag hinein.

Doch dann wurde es Winter. Sie fand nichts mehr zu fressen, es wurde **ungemütlich** kalt, und die Grille wurde **unglücklich**. Sie traf die Ameise, die während des Sommers **unaufhörlich** Vorräte gesammelt hatte. **Misstrauisch** betrachtete die Ameise die hungrige Grille. Diese bat: „Bitte gib mir etwas von deinen Vorräten." **Ungerührt** von der Not der Grille erwiderte die Ameise **entrüstet**: „Nein, du hättest rechtzeitig vorsorgen müssen!"

Entmutigt ging die Grille weiter.

Wörteranzahl: 100

die Vorsilben un-, ent- und miss-

Mit den Vorsilben *un-, ent-, miss-* veränderst du den Sinn von Eigenschaftswörtern: **glücklich – unglücklich, mutig – entmutigt, missmutig.**

Auch diese Eigenschaftswörter schreibst du klein.

182 Der letzte Schrei!

Beim Schulfest veranstaltete das vierte Schuljahr eine Modenschau. **Gemeinsam** sammelten die Kinder Ideen. Dabei hatten sie schon **riesigen** Spaß.

Es war **mühsam**, einen langen Laufsteg aufzubauen. Aber da sie **rechtzeitig** mit der Vorbereitung angefangen hatten, klappte alles **wunderbar**.

Nora pries mit **kräftiger** Stimme die **fantastischen** Modelle an. Ronja kam **sportlich** in Schlafanzug, Bergschuhen und Badekappe. Till erschien **modisch** mit grüner Riesenschleife aus Krepppapier, und Julius hatte Vaters **altmodischen** Regenmantel an. **Lustig** wurde es, als Alina auf Stöckelschuhen über den Laufsteg trippelte, mehrfach umknickte und schließlich die Schuhe **zornig** in die Hände nahm. Franzi erschien in einem **himmlischen** Nachthemd. Sie schwebte **förmlich** über den Laufsteg.

Stürmischer Beifall ertönte.

Wörteranzahl: 107

die Nachsilben -ig, -isch, -lich, -sam, -bar

Mit den Nachsilben *-ig, -isch, -lich, -sam, -bar* kannst du Eigenschaftswörter bilden:
Sport + -lich = sportlich, Zorn + -ig = zornig, Wunder + -bar = wunderbar.

Diese Wörter schreibst du klein.

183 Post aus den Ferien

Liebe Susi,

weißt du, woher diese Karte kommt?

Ich schreibe sie aus einem Märchenpark, dem Blühenden Barock, den meine Geschwister und ich so gerne besuchen. Sein Name schreibt sich übrigens **groß**.

Wir **genießen** hier unseren ersten Ferientag bei Rotkäppchen, **Schneeweißchen** und Rosenrot, dem Wolf und den sieben **Geißlein**, der **fleißigen** Frau Holle, Rapunzel, Dornröschen und vielen anderen Märchenfiguren.

Du kannst sie wie richtige Menschen in ihren Häusern sehen. Manchmal kannst du auf einen Knopf drücken, dann bewegen sie sich. Einige von ihnen sprechen sogar.

Heute Mittag **aßen** wir schon eine **heiße** Wurst, und nachher bekommen wir noch ein Eis.

Viele **Grüße**

dein Florian

Wörteranzahl: 103

ß nach langem Selbstlaut

Nach langem Selbstlaut und Doppellaut wird der stimmlos gesprochene (scharfe) *s*-Laut meistens als *ß* geschrieben: **groß, Grüße, weißt, Geißlein.**

Achtung: Einige Ausnahmen sind z. B. Gras, Glas, Eis.

184 **Max und Moritz und die Hühner**

Max und Moritz spielten, wie ihr **wisst**, den Leuten viele Streiche.

Einmal hatten sie die Idee, die arme Witwe Bolte zu ärgern, die mit ihren Hühnern keinen Spaß verstand. Genau auf diese waren sie **versessen**. Sie lockten die Tiere mit Brot an, das sie an Fäden gebunden hatten. Hühner und Hahn hatten die **Bissen gefressen**, da merkten sie, **dass** sie durch die Fäden aneinander **gefesselt** waren. Was tun?

Witwe Bolte **musste** feststellen, **dass** es für ihr liebes Federvieh keine Rettung mehr gab. Oh, war das traurig!

Doch dann griff sie zum **Messer**, schnitt die Fäden durch und wollte ihre Lieben wenigstens noch gebraten **essen**.

Wörteranzahl: 104

ss nach kurzem Selbstlaut

Nach kurzem Selbstlaut wird der stimmlose (scharfe) s-Laut meistens als ss geschrieben: **Bissen, gefressen, musste.** Ausnahmen sind z.B. bis, Bus.

185 Schnecken

Jeder weiß, **dass** Schnecken keine Beine haben und **dass** sie deshalb kriechen. Wie geht das vor sich?

Der Körper der Schnecke besteht aus einem starken Muskel, den das Tier streckt und zusammenzieht. Dadurch bewegt sich die Schnecke vorwärts. Interessant ist dabei, **dass** sie eine Schleimspur bildet, auf der sie gleitet, und die sie von unten her schützt.

Viele Schnecken bilden aus Kalk ein Haus, das sie im Winter mit einem Deckel verschließen und im Frühjahr, wenn sie aus ihrer Erdhöhle kriechen, wieder öffnen.

Wusstest du schon, **dass** Schnecken Eier legen, aus denen Junge samt Häuschen schlüpfen? Was geschieht mit dem Häuschen, wenn die Jungen wachsen? Das wächst tatsächlich mit.

Wörteranzahl: 109

vorgelesen

diktiert

das Bindewort dass

Das Bindewort *dass* wird immer mit *ss* geschrieben:
Jeder weiß, **dass** Schnecken ...

Tipp: Wenn du *dass* nicht durch *dieses* ersetzen kannst, schreibst du *dass* immer mit zwei *s*.

Begleiter und bezügliches Fürwort das

Der Begleiter *das* und das Fürwort *das* werden mit *s* geschrieben: ... in **das** Jagen einweisen. **Das** heißt, sie waren nicht sesshaft. ... aus dem Leben, **das** sie führten ...

Tipp: *Das* kann durch *dieses* oder *welches* ersetzt werden, *dass* kann nicht ersetzt werden.

186 So lebten die Steinzeitmenschen

Die ersten Menschen auf der Erde lebten vor fast drei Millionen Jahren. Sie werden Steinzeitmenschen genannt, weil sie vorwiegend Werkzeug aus Stein benutzten. **Das** waren etwa Faustkeile, Beile oder Schaber.

Manches aus dem Leben, **das** die Steinzeitmenschen in ihren Höhlen führten, ist noch unerforscht.

Sie ernährten sich vom Jagen, Fischen und Sammeln, und sie waren Nomaden. **Das** heißt, sie waren nicht sesshaft. Welche Bedeutung hatten aber die wunderbar erhaltenen Bilder von Tieren und Menschen, mit denen unsere Vorfahren vor 50 000 bis 100 000 Jahren die Wände der Höhlen bemalten? Möglicherweise sollten sie die jungen Menschen in **das** Jagen einweisen.

Wörteranzahl: 98

187 Meine Traumreise

Soll ich dir von einer besonderen Reise erzählen? Du kannst sie weder mit dem Zug noch mit dem **Omnibus** machen.

Ich ritt wie eine kleine Hexe auf einem **Bambusbesen**. Den hatte mir meine Urgroßmutter zur Geburt geschenkt. Sie wünschte mir damit viele schöne **Erlebnisse**.

Ich flog zuerst zu den Fantasietieren und sah ihre Farbenpracht. Dann ging die Reise weiter in eine **Arktis** aus lauter leckerem Eis. Danach flog ich über das Blütenmeer und atmete die herrlichsten Düfte ein. Schließlich kam ich, von warmen Winden getragen, in ein Land, in dem wunderschöne Klänge zu hören waren.

All dies wirst du im **Atlas** sicherlich nie finden. – Es soll auch unser **Geheimnis** bleiben!

Wörteranzahl: 110

die Endungen -as, -is, -us, -nis

Namenwörter mit den Endungen *-as, -is, -us* und *-nis* haben am Wortende immer ein einfaches *s.*

In der Mehrzahl verdoppelt sich das *s:*
Omnibus – Omnibusse,
Atlas – Atlasse (auch: Atlanten),
Erlebnis – Erlebnisse.

188 Ein Eisrezept

Weißt du, wie man selbst Eis zubereitet? Wenn nicht, dann wird es höchste Zeit!

Du **liest** dir zuerst das Rezept gründlich durch, richtest alle Zutaten her und fängst dann an.

Du **misst** je eine Tasse Milch und Sahne ab, rührst die Flüssigkeit in einer Schüssel um und gibst zwei Esslöffel Zucker dazu. Danach **presst** du Früchte durch ein Sieb oder **lässt** sie vom Mixer zerkleinern, fügst einige Tropfen Zitronensaft hinzu und vermischst alles zusammen. Am besten eignen sich Erdbeeren, Himbeeren, Brombeeren oder Bananen.

Du **gießt** nun die Eismasse in eine Schale, die du ins Tiefkühlfach stellst und mehrmals umrührst, bis das Eis gefroren ist – und gleich **isst** du das Eis!

Wörteranzahl: 110

die 2. Person Einzahl bei Wörtern mit s-Laut

Bei Zeitwörtern, die in der Grundform *s*, *ß* oder *ss* haben, steht als Endung in der 2. Person Einzahl nur noch ein *t:* lesen – **du liest,** essen – **du isst,** gießen – **du gießt.**

Achtung! nach einem Doppellaut steht *ß:* wissen – du **weißt.**

Hinweis: In den folgenden beiden Diktaten sollen die farbig markierten Wörter selbstständig getrennt werden.

189 Der Umzug

Schon um 13 Uhr stand der voll beladene **Mö-bel-wa-gen** vor dem neuen **Rei-hen-haus**.

Nun mussten die vielen Möbel, Kisten und Pakete **aus-ge-packt** werden. **Bü-cher-kis-ten**, **über-füll-te Spiel-zeug-kis-ten**, **hell-brau-ne Klei-der-schrän-ke**, **dun-kel-grü-ne Gar-ten-stüh-le**, **rie-sen-gro-ße Topf-pflan-zen**, **ku-schel-wei-che So-fa-kis-sen**, **Bett-tü-cher**, eine alte **Wasch-ma-schi-ne** und vieles andere kam zum **Vor-schein**. Mutter nannte jeweils die Zimmer, sodass* die Sachen schnell in dem neuen Haus **ver-schwan-den**. Vater half beim **Zu-sam-men-bau-en** der **Schlaf-zim-mer-mö-bel** und die Kinder spielten mit den neuen **Nach-bar-kin-dern**.

Sie genossen das herrliche **Durch-ein-an-der**. Am Abend fühlten sich schon alle richtig zu Hause.

Wörteranzahl: 86

* Die Schreibweise *so dass* ist ebenfalls möglich.

Trennung bei zusammengesetzten Wörtern

Zusammengesetzte Wörter und Wörter mit einer Vorsilbe werden an diesen Stellen nach ihren Bestandteilen getrennt: **Topf-pflan-zen, Spiel-zeug-kis-te, über-füll-te, ver-schwen-den.**

190 Auf dem Minigolfplatz

We-hen-de Fah-nen zeigen den Minigolfplatz an. Großvater, Jonas und Thea **se-hen** sie schon von fern.

Thea gibt keine **Ru-he**, bis sie Großvater zu einem Spiel überredet hat. Großvater will noch schnell **be-zah-len**, **wäh-rend** die beiden Kinder schon bei Bahn 1 **ste-hen**. Sie **ver-ste-hen** die Regeln sehr schnell. Und schon kann das Spiel **los-ge-hen**. Auf den ersten drei **Bah-nen** macht Großvater keinen **Feh-ler**. Doch **all-mäh-lich** stört ihn die **Un-ru-he** der Kinder, die munter wie zwei **Flö-he** sind. Sein Spiel wird immer schlechter. **Meh-re-re** Schläge **ge-hen** daneben.

Aber am Ende ist Opa dennoch der Gewinner. Das hätte Thea nicht gedacht.

Wörteranzahl: 98

Trennung bei Dehnungs-h und gesprochenem h

Auch bei Wörtern mit Dehnungs-*h* gilt die Regel, dass der letzte von zwei Mitlauten auf die neue Zeile kommt: **Feh-ler, Zah-len.**

Bei den Wörtern mit gesprochenem *h* gilt die Regel, dass auch dieser einzelne Mitlaut auf die neue Zeile kommt: **se-hen, ver-ste-hen, ge-hen.**

Hinweis: In den folgenden beiden Diktaten sollen die farbig markierten Wörter selbstständig getrennt werden.

191 Eine fröhliche Bastelstunde

Es sind nur noch wenige Wochen bis **Os-tern**, also **höchs-te** Zeit zum **Bas-teln**.

Die Schüler und Schülerinnen der 4b sitzen an ihren Tischen und **flüs-tern**. Sie sind ganz aufgeregt. Auf jedem Tisch steht ein Topf **Kleis-ter**. Daneben liegen **Ta-pe-ten-res-te** und feiner Maschendraht. Sie **bas-teln be-stimmt** ein schönes **Os-ter-ge-schenk**. Vera ist am **flinks-ten**. Sie ist die **Ers-te**, die ihren dicken **Os-ter-ha-sen** fertig hat. Deshalb darf sie schon ihr **Früh-stück** auspacken.

Als **Nächs-ter** wird Ulf fertig. Als die Kinder seinen Hasen sehen, müssen sie lachen. Es ist der **bes-te Os-ter-ha-se** der Klasse.

Bravo, Ulf!

Wörteranzahl: 91

Trennung bei st

Wörter mit *st* werden zwischen *s* und *t* getrennt: **Os-tern, bas-teln.**

Aber Achtung bei zusammengesetzten Wörtern: **Früh-stück, Rast-platz, be-stimmt.**

192 Die kleine Wespe Nimmersatt

Von einer **Ro-sen-knos-pe** aus startet die kleine **Wes-pe** Nimmersatt zu ihrem Rundflug durch Frau **Knis-pels** Küche. „Herrlich", denkt sie, „was es hier so alles zu **knus-pern** und zu schlecken gibt!"

Schwupp, landet sie auf einer **Vi-ta-min-kap-sel**. „Brr, die schmeckt aber scheußlich!", ruft sie entrüstet und setzt sich sanft auf den dicken **Karp-fen**, nascht von den **Roll-möp-sen** und den Königsberger **Klop-sen** und genießt schließlich ein paar **Trop-fen** von den **Schnäp-sen** des Hausherrn. Doch am besten schmeckt ihr der dicke grüne **Ap-fel** auf dem Küchentisch. „Der ist ein wahrer Traum", schwärmt sie.

Dann fliegt sie schnell davon, um ihre Freundinnen zu holen.

Wörteranzahl: 100

Trennung bei pf, ps und sp

Stehen *pf, ps* und *sp* vor einem Selbstlaut, wird zwischen ihnen getrennt: **Ap-fel, Schnäp-se, Wes-pe.**

Es gilt also auch bei diesen Wörtern die Regel, dass von zwei und mehreren Mitlauten der jeweils letzte auf die neue Zeile kommt.

Hinweis: Im folgenden Diktat sollen die Kommas bei Aufzählungen selbstständig gesetzt werden.

193 Was Blätter alles können

Blätter haben wichtige Aufgaben **für die Pflanzen, für unsere Luft und für den Wasserhaushalt**.

Die Blätter schützen den zarten Trieb einer Pflanze. Die Sonne und der grüne Farbstoff der Blätter bilden zusammen die Nahrung der Pflanze. Dabei bildet das Blatt Sauerstoff, den es an die Luft abgibt.

Schließlich verdunsten die Blätter Wasser, das sich in den Wolken sammelt und als Regen oder Schnee wieder auf die Erde fällt.

Blätter sorgen also für **Schutz, Nahrung, Luftverbesserung und Niederschläge**. Aber damit nicht genug: Manche Blätter ernähren andere Lebewesen und schrecken Feinde ab. Sie können auch **schwimmen, duften, klettern und grüne Flächen bilden**.

Wörteranzahl: 100

Komma bei Aufzählungen

Die einzelnen Teile einer Aufzählung werden durch Komma abgetrennt: **... schwimmen, duften, klettern.**

Stehen *und* oder *oder* zwischen den Teilen der Aufzählung, so wird kein Komma gesetzt: Schutz, Nahrung, Luftverbesserung **und** Niederschläge.

Hinweis: Im folgenden Diktat sollen die Satzzeichen selbstständig gesetzt werden. Dabei ist besonders auf die Kommas vor *und* und vor *oder* zu achten.

194 Katzenkinder

Letztes Frühjahr brachte unsere Katze Junge zur Welt.

Sie schlüpften aus dem Mutterleib**(,) und** sofort leckte die Katzenmama die Fruchthülle ab, die ihre kleinen Körper umgab. Ein schönes Fell kam zum Vorschein**(,) und** jedes Kätzchen sah anders aus. Die Neugeborenen fanden gleich die richtige Stelle zum Trinken.

Nach acht Tagen öffnete eines die Augen**(,) oder** blinzelte es nur? Allmählich schauten sie alle richtig wach. Mit vier Wochen hörten sie auch gut**(,) und** sie nahmen feste Nahrung zu sich.

Sie lernten, aus ihrer Kiste zu springen**(,) und** sie erkundeten die Umgebung auch draußen. Dabei spielten sie immerfort. Nach vier Monaten verloren sie ihre Milchzähne**(,) und** damit waren sie fast erwachsen.

Wörteranzahl: 109

vorgelesen

diktiert

Komma vor *und* und *oder*

Werden zwei Hauptsätze mit *und* oder *oder* verbunden, so kannst du ein Komma setzen, musst es aber nicht:
Ein schönes Fell kam zum Vorschein, **und** jedes Kätzchen sah anders aus.
Ein schönes Fell kam zum Vorschein **und** jedes Kätzchen sah anders aus.
Beide Schreibweisen sind richtig.

Hinweis: Im folgenden Diktat sollen die Kommas vor *aber* und vor *denn* selbstständig gesetzt werden. Daher müssen die einzelnen Sätze besonders gut betont werden.

195 Das Teekesselchenspiel

Heiko und Mareike haben sich zusammen ein Wort ausgedacht, das zwei Bedeutungen hat. Beide beschreiben jeweils eine Bedeutung**, aber** das Wort selbst dürfen sie nicht verwenden**, denn** die Mitspieler müssen es erraten.

Heikos Teekesselchen ist eine Pflanze. Sie hat Blüten und Früchte**, aber** nur die Früchte werden von manchen gesammelt. Das Teekesselchen hat einen dicken Stamm**, aber** keine Blätter. Es kann stechen. Am liebsten mag es Sandboden**, denn** dort kann das Wasser rasch abfließen.

Mareikes Teekesselchen ist ein Körperteil und wird häufig benutzt**, denn** schließlich will niemand verhungern. Es kann zwar nicht stechen**, aber** es hilft beim Beißen und Kauen.

Wie heißt das Teekesselchen? – Richtig: die Kiefer und der Kiefer.

Wörteranzahl: 110

Komma vor *aber* und *denn*

Vor den Bindewörtern *denn* und *aber* steht ein Komma:

Sie hat Blüten und Früchte, **aber** nur die Früchte werden von manchen gesammelt.

Am liebsten mag es Sandboden, **denn** dort kann das Wasser rasch abfließen.

Hinweis: Im folgenden Diktat sollen die Kommas bei Nebensätzen selbstständig gesetzt werden. Daher müssen die einzelnen Sätze besonders gut betont werden.

Komma bei Nebensätzen

Sätze mit den Bindewörtern *dass, weil, wenn, als, da, während* werden durch ein Komma abgetrennt:

Schade, **dass** Juliane heute nicht da ist. Sie rennen wild umher, **weil** sie bereits zwei Stunden still sitzen mussten.

196 Große Pause

In der großen Pause wirbeln die Schulkinder richtig durcheinander und toben sich aus. Auf dem Pausenhof rennen sie wie wild umher**, weil** sie bereits zwei Stunden still sitzen* mussten. **Da** es in manchen Schulen Spielplätze gibt**,** dürfen sich die Schüler dort beschäftigen.

Klaus und seine Freunde schaukeln, klettern und rutschen**, während** Tina, Max und Sonja Verstecken spielen. Schade**, dass** Juliane heute nicht da ist. Martina und Peter spielen immer Gummihüpfen mit ihr. Sie hat sich bestimmt erkältet**, als** sie neulich ohne Jacke in der Pause herumgerannt ist.

Wenn es klingelt**,** gehen die Kinder wieder in ihre Klassenzimmer. Um die Schule herum wird es dann wieder ganz ruhig.

Wörteranzahl: 107

* Die Schreibweise *stillsitzen* ist ebenso möglich.

Hinweis: Im folgenden Diktat sollen die Satzzeichen selbstständig gesetzt werden. Dabei ist besonders auf die Zeichensetzung bei wörtlicher Rede zu achten.

197 Ein Telefongespräch

„Der Anruf ist sicher für dich. Geh doch mal ans Telefon!“, ruft die Mutter ihrem Sohn zu.

„Ist gut“, antwortet Paul.

„Hallo, hier ist Paul Kocher.“

„Sabine hier. Du Paul, ich weiß nicht mehr, welche Hausaufgaben wir aufhaben. Kannst du es mir sagen?“, fragt die Stimme am anderen Ende der Leitung.

Paul lacht: „Ja, warte! Ich sehe schnell nach.“

Kurz darauf kehrt er zurück und erklärt: „Hör zu, Sabine! Wir sollen das Lied noch mal üben, und dann müssen wir das Diktat mit der wörtlichen Rede abschreiben. Du weißt doch, dass es morgen drankommt.“

„Ach, das ist ja nicht schwer! Danke, Paul. Bis morgen.“

„Du hast gut reden. Bis morgen“, verabschiedet sich Paul.

Wörteranzahl: 114

vorgelesen

diktiert

Zeichensetzung bei wörtlicher Rede

- Die wörtliche Rede steht immer in Anführungszeichen: „Hallo, hier ist Paul Kocher."
- Steht der Begleitsatz vor der wörtlichen Rede, so folgt ihm ein Doppelpunkt: Paul lacht: „Ja warte! ..."
- Steht der Begleitsatz nach der wörtlichen Rede, so wird er immer durch Komma abgetrennt: „Kannst du es mir sagen**?"**, fragt die Stimme.

198 Im Kaufhaus

Jule ist mit Felix und ihrer Mutter ins Kaufhaus gegangen. Hier gibt es so viel zu sehen. Zunächst kaufen sie ein paar wichtige Sachen für die Schule wie **Schreib- und Rechenhefte**, Filzstifte und Zeichenblöcke.

In der Abteilung für **Küchen- und Gartenmöbel** kaufen sie einen kleinen Klappstuhl. In der Buchabteilung suchen sie sich **Mal- und Bastelbücher** aus.

Zum Abschluss geht Mutter zum Friseur, während sich die Kinder die Zeit in der **Spiel- und Bastelecke** vertreiben. Dort wird es ihnen ganz bestimmt nicht langweilig.

Wörteranzahl: 82

Bindestrich bei gemeinsamen Wortteilen

Du kannst manche Wortgruppen kürzen, wenn du den gemeinsamen Wortteil durch einen Bindestrich ersetzt: **Spielecke und Bastelecke = Spiel- und Bastelecke.**

199 Schöne Straßen

In **Rheinland-Pfalz** beginnen die großen Ferien. Kai und Linda freuen sich über die vielen freien Tage. Nun haben sie Zeit, um mit den anderen Kindern aus der **Kaiser-Karl-Straße** zu spielen.

Sie haben einen Klub gegründet, der die viereckigen Flächen um die Straßenbäume herum schön gestalten will. Einige Kinder von der **Heinrich-Heine-Allee** wollen ebenfalls heute zum Treffen kommen. Sie sind alle voller Ideen. Einige von ihnen hatten in einer anderen Kleinstadt wunderschön gestaltete Straßen gesehen. Nun wollen sie, dass ihre Straßen auch so schön aussehen sollen.

Hoffentlich haben sie Erfolg!

Wörteranzahl: 89

Bindestrich bei Straßen- und Ländernamen

Bei Zusammensetzungen setzt man einen Bindestrich zwischen alle Teile, wenn die ersten Bestandteile Eigennamen sind: **Rheinland-Pfalz, Heinrich-Heine-Allee.**

Bindestrich bei Zusammensetzungen

Zusammensetzungen mit Ziffern, Einzelbuchstaben und Abkürzungen werden mit Bindestrich geschrieben: **12-Tonner, A-Dur, UKW-Sender.**

200 Wer hat das schönste Bild?

Klaus, Hanna und Michael sammeln Autobilder.

Stolz zeigt Michael sein neues Bild, einen **12-Tonner**. Klaus staunt über diesen tollen Lastwagen, denn er ist knallrot. Doch dann lacht er: „Ich glaube, ich habe etwas noch Besseres. Schau mal!“ „Mensch, das ist ja sogar ein **16-Tonner** mit Anhänger“, staunt Klaus. „So einen habe ich schon **2-mal*** auf einem Rastplatz gesehen.“

„Seht mal, was ich habe!“, lacht Hanna. „Bloß einen **4-Tonner**, aber grasgrün. Klein, aber fein. Hier habe ich auch Fotos von unserem letzten Fußballspiel gegen die 4b, von unserem großen **6:4-Sieg**. Und das hier ist das Starfoto von unserem **10-jährigen** Kapitän Klaus. Gefällt es dir?“

Wörteranzahl: 103

* Die Schreibweise *zweimal* ist ebenfalls möglich.

Elterntipps zum Thema „Rechtschreiben“

Liebe Eltern,

schreiben – richtig schreiben – ist wie das Lesen eine zentral wichtige Fähigkeit, die Ihr Kind im Lauf der Grundschulzeit erwirbt. Welche Anforderungen stellt die Schule dabei? Was können Sie gemeinsam mit Ihrem Kind tun, um es beim Lernen zu unterstützen? Wie können Sie Ihr Kind optimal fördern? Die nächsten Seiten sollen Ihnen helfen, wichtige Inhalte des Deutschunterrichts in der Grundschule kennen zu lernen und zusammen mit Ihrem Kind sinnvolle Übungen durchzuführen.

Der Rechtschreib-Unterricht in der Schule

Nicht nur die Rechtschreibreform, sondern auch neue Methoden haben zu deutlichen Veränderungen im Unterricht geführt. Bestimmt fragen Sie sich, was heute in der Schule eigentlich alles von Ihrem Kind verlangt wird. Im Folgenden sind die wichtigsten Inhalte des Rechtschreib-Unterrichts in der Schule kurz für Sie zusammengefasst. Damit können Sie beurteilen, was Ihr Kind lernen wird und womit es über- oder unterfordert sein würde.

Das erste Schuljahr: Aller Anfang ist schwer
Im Laufe des ersten Schuljahrs lernt Ihr Kind die großen und kleinen Buchstaben des Alphabets kennen und kann diese dann den entsprechenden Lauten zuordnen. Es lernt, Wörter des Grundwortschatzes abzuschreiben und sie abzuleiten *(hört – hören, wecken – Wecker).*

Gegen Ende des ersten Schuljahres kann Ihr Kind Wortteile zu sinnvollen Wörtern verknüpfen *(Bir-ne: Birne, Na-me: Name),* Namenwörter und Zeitwörter unterscheiden und von einfachen Wörtern die Einzahl- und Mehrzahlform bilden *(Bein – Beine, Blatt – Blätter).* Es kennt einige einfache Regeln der Rechtschreibung (z. B. Großschreibung am Satzanfang, von Namenwörtern) und entwickelt immer mehr Gefühl für das richtige Schreiben.

Wichtig für Sie als Eltern ist es zu wissen, dass die Schuljahre 1 und 2 in der Schule heute als „Anfangsunterricht" bezeichnet werden, d.h. Kenntnisse und Leistungen eher im Zusammenhang beider Schuljahre als einzeln gesehen und beurteilt werden. Das bedeutet z.B. auch, dass viele Kinder ihren Lese- und Schreiblernprozess am Ende des 1. Schuljahres noch nicht abgeschlossen haben und dass dies von ihnen auch nicht gefordert wird. Allerdings: Je früher Ihr Kind die Grundfähigkeiten Lesen und Schreiben beherrscht, desto leichter fällt ihm die gesamte Schulzeit.

Das zweite Schuljahr: Es geht voran!
Bis zum Ende der 2. Klasse wird Ihr Kind bei der Zuordnung von Lauten und Buchstaben immer sicherer und es kann bereits eine größere Anzahl von Wörtern des Alltags- und Grundwortschatzes richtig schreiben, auch schon Wörter, die keiner Regelmäßigkeit folgen. Es lernt und beachtet Rechtschreibmuster wie die Ableitung verwandter Wörter *(Apfel* mit *A,* deshalb *Äpfel* mit *Ä,* nicht mit *E; Haus* mit *au,* deshalb *Häuser* mit *äu* und nicht mit *eu),* die Ableitung des Endlautes bei Pferd *(t* oder *d*?; *d,* weil *Pferde,* man hört das *d* beim Sprechen).

Weitere Ziele, die Ihr Kind im Laufe des 2. Schuljahrs erreichen wird, sind: Namenwörter in Wörterschlangen zu erkennen, die Endungen von Zeitwörtern zu beachten, Wörter nach Sinnzusammenhängen und nach dem Alphabet zu ordnen, Wörter in Silben zu zerlegen, trennbare und nicht trennbare Wörter zu erkennen, einfache Namenwörter zusammenzusetzen und Wörter umzuformen, z.B. in die Mehrzahl zu setzen, Erweiterung der Kenntnisse von Groß- und Kleinschreibung, Zeichen für Dehnung (Wörter mit *h, ie),* Schärfung (Doppelmitlaute, *ck, tz),* Schreibweisen des *s*-Lautes *(s, ss, ß),* Zeichensetzung (Punkt, Frage- und Ausrufezeichen). Ebenso kann es am Ende der 2. Klasse schon kurze Texte abschreiben und geübte Wörter, Sätze und Texte (bis zu etwa 60 Wörtern Umfang) nach Diktat fehlerfrei schreiben.

Geben Sie Ihrem Kind immer wieder Gelegenheit, sein Können zu zeigen, damit neben dem Üben der Spaß am Schreiben möglichst lange erhalten bleibt.

Das dritte Schuljahr: Übung macht den Meister

Auch in diesem Schuljahr wird das zuvor Gelernte wiederholt und intensiviert. Neu dazu kommen Inhalte wie die Großschreibung von Anredefürwörtern in Briefen, von substantivierten Zeitwörtern, Dehnung durch doppelte Selbstlaute, Schärfung durch zwei oder mehrere Mitlaute (z. B. Wörter mit *lz, nz, rz, tsch, pf, pfl*), schwierigere Buchstaben und Buchstabenverbindungen (z. B. *ch, chs, x, qu, f* oder *v*), Schreibung des Auslautes *(d/t, b/p, g/k)*, Wortbildung (Vorsilben, Nachsilben, Zusammensetzungen von Zeitwörtern, Eigenschaftswörtern, Verkleinerungsformen), *s*-Laute, Silbentrennung und Zeichensetzung (wörtliche Rede).
Die Diktate haben jetzt eine Länge von etwa 80 Wörtern.

Das vierte Schuljahr: Auf dem Weg zum Rechtschreib-Profi

Neben der Wiederholung der wichtigen Inhalte aus den Schuljahren 1–3 kommen bis zum Ende des 4. Schuljahres diese Inhalte hinzu: Großschreibung von Zeitangaben, Getrennt- und Zusammenschreibung, Fremdwörter, Zeichensetzung bei Aufzählungen und Satzverbindungen.

Am Ende der Grundschulzeit soll Ihr Kind – wie in allen anderen schulischen Bereichen auch – eine solide Basis in der Rechtschreibung erreicht haben. Dazu gehören das richtige Schreiben von Wörtern des Grundwortschatzes, Kenntnis und Anwendung zentraler Rechtschreibregeln, die Fähigkeit, Geschriebenes auf seine Richtigkeit selbstständig zu überprüfen und dabei gelernte Verfahren anzuwenden (wie z. B. Wörter zu verlängern, um die Schreibweise der Endung zu erkennen, Schreibweisen von Wörtern mit ähnlichen Lauten von ihrem Wortstamm herzuleiten). Solche Techniken wurden vom 1. Schuljahr an eingeübt und immer weiter verfeinert.

Das kann Ihr Kind am Ende von Klasse 4:

- Wichtige Wörter richtig schreiben (Grundwortschatz, häufige Wörter ...)
- Fehler vermeiden durch:
  - Methoden anwenden, die beim Rechtschreiben bzw. bei deren Überprüfung helfen (Nachschlagen, Nachfragen, Ableiten ...)
  - Regeln für Schreibweisen anwenden (Groß- und Kleinschreibung, Herleitung der Schreibweise von verwandten Wörtern, Verlängern ...)
  - Besondere Schwierigkeiten erkennen bzw. im Gedächtnis speichern (Unterscheidung von das und dass, verschiedene Schreibweisen von gleich und ähnlich klingenden Lauten, z. B. des sch-Lautes, des x-Lautes ...)
- Fehler finden und verbessern, Überprüfung der Rechtschreibung

Diktate in der Schule

In den ersten Schuljahren sollten Diktate als Nachschriften gegeben werden. Darunter werden Diktate verstanden, die gezielt im Unterricht vorbereitet wurden und damit am Ende einer Reihe von Rechtschreibübungen zu den Wörtern des Diktattextes stehen. Themen sind dabei Inhalte aus dem Sachunterricht und aus der Lebenswelt der Kinder. Die Wörter der Texte sollten aus dem Klassenwortschatz und/oder dem Grundwortschatz stammen, das sind die ca. 500 bis 1000 am häufigsten vorkommenden Wörter der deutschen Sprache. Wie genau diktiert wird – und wie Sie zu Hause gemeinsam mit Ihrem Kind Diktate wie in der Schule trainieren können, finden Sie bei den Übungs- und Fördertipps auf Seite 196 bis 202.

Selbst ist das Kind!

Die folgenden Tipps wenden sich direkt an Ihr Kind, weil es in der Schule beim Schreiben der Diktate und in der anschließenden Kontrollphase auf sich selbst gestellt ist. Zur besseren Verankerung im Gedächtnis kann Ihr Kind die folgenden Tipps auf Kärtchen schreiben und an seine Pinnwand hängen. Oder eine Liste anlegen, die es am Arbeitsplatz aufhängt.

So schreibst du gute Diktate

Hier geben dir die kleinen Lerndrachen wertvolle Tipps zum Diktateschreiben. Du kannst dir die Tipps z. B. abschreiben und an deine Pinnwand hängen.

Vor dem Diktat

- Alles überprüft?
- Genug Platz im Diktatheft?
- Noch genügend Tinte im Füller?
- Bleistift, Radiergummi dabei?
- Bleib ganz ruhig, du hast viel gelernt und weißt schon eine ganze Menge.

Während des Diktates

- Konzentriere dich ganz auf die Arbeit.
- Vermeide Fehler, höre in jeder Phase des Diktates genau zu.
- Höre erst zu, und schreibe dann.
- Wende beim Schreiben die 10 Tipps (S. 195.) an, aber: nicht zu lang überlegen, nicht trödeln, sondern dranbleiben!
- Lass eine Lücke, wenn du ein Wort nicht richtig mitbekommen hast oder gerade nicht genau weißt, wie es geschrieben wird.
- Markiere Stellen, bei denen du unsicher bist, mit Bleistift.
- Sobald der Text noch einmal vorgelesen wird: Hör wieder genau zu, vergleiche dabei mit deinem Text, und fülle Lücken, die du beim erstem Durchgang gelassen hast.
- Kläre die markierten Stellen, und radiere deine Zeichen aus.

Die 10 besten Tipps für das Diktat

Überlege dir beim Schreiben:

1. Wird das Wort groß- oder kleingeschrieben?
2. Wird das Wort getrennt oder zusammengeschrieben?
3. Welche Selbstlaute sind lang?
4. Welche Selbstlaute sind kurz?
5. Hast du die Wortendung richtig geschrieben?
6. Kennst du verwandte Wörter?
7. Kennst du die Grundform des Wortes?
8. Hast du alle Wörter am Zeilenende richtig getrennt?
9. Kennst du eine Regel, die dir helfen kann?
10. Hast du deinen Text genau geprüft?

Nach dem Diktat

- Wende die 10 Tipps bei der Überprüfung des Diktates an.
- Wenn es zeitlich möglich ist: Lies deinen Text Wort für Wort von hinten. Überprüfe dabei: Sind alle Sätze und Wörter vollständig? Kein Wort, keine Buchstaben vergessen?
- Nach der Rückgabe des Diktats: Analysiere deine Fehler.
- Nach dem Diktat ist vor dem (nächsten) Diktat: Übe besonders deine Fehlerwörter.

Üben macht Spaß! – So fördern Sie Ihr Kind richtig

Besonders für das Rechtschreiben gilt: Übung ist durch nichts zu ersetzen. Damit auch Ihr Kind eines Tages feststellen kann „Üben macht Spaß!“, finden Sie im Folgenden eine Zusammenstellung wichtiger Fördertipps.

Bei allem Üben ist eins ganz wichtig: Loben Sie Ihr Kind! Stellen Sie Erfolgserlebnisse und Anerkennung in den Vordergrund, und schenken Sie besonders in den beiden ersten Schuljahren Fehlern keine allzu große Beachtung.

Mäßig, aber regelmäßig

Überlegen Sie zusammen mit Ihrem Kind, wann es am besten übt. Viele haben vormittags und nachmittags ihr Leistungshoch, aber z. B. nach dem Mittagessen bis etwa 15 Uhr ein Leistungstief. Finden Sie heraus, was für Ihr Kind am besten ist. Es sollte täglich trainieren: Ab dem 3. Schuljahr etwa 20 bis 25 Minuten, nicht länger, dafür aber intensiv und konzentriert.

Ihr Kind kann sein Lernen auch selbst planen: Dazu legt es sich zunächst ein Trainingsheft an. Es überlegt, was es morgen, übermorgen usw. üben will oder soll und trägt es im Heft ein. Jeden Abend überprüft es selbst: Alles erledigt? Wann wird Versäumtes nachgeholt?

Sinnvolle Übungszeiten

Die erste Regel für sinnvolles, motivierendes, effektives Üben heißt:

Lieber kürzer, aber öfter.
Im 1. Schuljahr sind 5 bis 10 Minuten und im 2. Schuljahr sind 10 bis 15 Minuten täglich völlig ausreichend.

Haben Sie gewusst, dass man ein Wort ca. 50-mal in verschiedenen inhaltlichen Zusammenhängen geschrieben haben muss, bis es sich ins Gedächtnis so eingeprägt hat, dass man es sicher beherrscht? Also: Übung macht den Meister!

Achten Sie darauf, dass Ihr Kind beim Lernen und Üben immer wieder kurze Pausen einlegt. Das schützt vor Ermüdung und gliedert den Arbeitsprozess in kurze Abschnitte. In den Pausen geben Bewegung, frische Luft und Getränke Körper und Geist die richtige Abwechslung von Spannung und Entspannung. Lassen Sie Ihr Kind direkt nach den Übungseinheiten frei spielen und sich bewegen, aber nicht fernsehen, Computer- oder Videospiele machen oder lesen: Das eben Gelernte könne sonst durch Neuigkeiten und Eindrücke überlagert und dann verdrängt werden.

Es müssen auch nicht immer nur Diktate sein! Verschiedene Übungsformen sind ebenfalls wichtig für den Lernerfolg, besonders um die Lernmotivation Ihres Kindes zu erhalten. Ab Seite 199 finden Sie eine größere Auswahl solcher Übungsvorschläge. Spielerische Übungen sind beim Lernen immer gut, gerade auch für die Rechtschreibung, z.B. Kreuzworträtsel, Würfelspiele mit Buchstaben, Stadt-Land-Fluss usw.

Die besten Tipps für das Rechtschreib-Training

Damit Ihr Kind gar nicht erst unnötige Ängste vor Klassenarbeiten und gerade auch Diktaten entwickelt, können Sie diese zum Training wie in der Schule durchführen. Dazu sollten Sie Diktate wie die Lehrerin oder der Lehrer in der Schule diktieren. Gehen Sie dabei schrittweise vor:

a) Lesen Sie zunächst den ganzen Text mit der Überschrift vor, so lernt Ihr Kind den Inhalt kennen und versteht, worum es geht. (Ausnahme: Im 1. Schuljahr sind es anfangs nur einzelne Wörter und Wortgruppen, später Sätze, die diktiert werden; aber auch hier gilt: Zunächst alles vorlesen.)

b) Danach lesen Sie den ersten Satz vor.

c) Nun diktieren Sie den Satz langsam und betont, nach Sprechtakten/Sinnschritten unterteilt. Hilfreich ist es, wenn Sie sich vor dem Diktat solche Sprechtakte/Sinnschritte mit Bleistiftstrichen einteilen.

d) Sie lesen den nächsten Satz vor, anschließend diktieren Sie ihn wie bei c).

e) Nach dem Diktat des letzten Satzes lesen Sie den ganzen Text noch einmal vor. Ihr Kind kann dabei prüfen, ob es alle Wörter richtig verstanden hat, kann eventuell gebliebene Lücken füllen bzw. dabei prüfen, ob es Wörter oder Wortteile vergessen hat aufzuschreiben.

f) Zum Schluss hat Ihr Kind noch Zeit, den ganzen Text zu prüfen und zu verbessern. Zu Hause ist es sinnvoll, wenn das Kind seinen Text laut vorliest und dabei vergessene Wörter feststellt oder Fehler entdeckt – in der Schule geht das so leider nicht.

Abwechslung tut gut: Tauschen Sie ruhig auch einmal die Rollen, Ihr Kind diktiert, und Sie schreiben das Diktat. Besonders großen Spaß bereiten Sie Ihrem Kind, wenn Sie zwei, drei Fehler einbauen, die es dann finden kann.

Ähnlichkeitshemmung

Vermeiden Sie beim Üben Ähnlichkeitshemmungen: Achten Sie darauf, dass ähnliche Schreibweisen (z. B. Wörter mit *b* und Wörter mit *p* am Wortanfang oder Wörter mit *d* oder *t* am Wortende, Wörter mit *m* oder Wörter mit *mm* usw.) nicht miteinander oder kurz hintereinander geübt werden. Lassen Sie dazwischen zwei Tage oder mehr vergehen, damit Ihr Kind das Gelernte nicht miteinander verwechselt.

Kann mein Kind auch allein Diktate üben?
Ja, es kann! Zur Abwechslung beim Üben gehören auch verschiedene Diktatformen:

Das Laufdiktat oder Schleichdiktat: Dabei liegt der Diktattext nicht am Arbeitsplatz, sondern z. B. auf der Fensterbank. Ihr Kind liest dort zuerst immer nur zwei Wörter, eine bis zwei Wortgruppen oder später einen Satz. Dann läuft es zu seinem Heft, das am Arbeitsplatz liegt, und schreibt die Wörter bzw. den Satz auswendig auf. Dann läuft es wieder zum Diktattext, merkt sich die nächsten Wörter usw. Zum Schluss liest es den Text noch einmal durch, korrigiert ihn und vergleicht ihn anschließend mit der Vorlage und markiert die Fehler. Ein Vorzug dieser Diktatform ist, dass Ihr Kind sich zwischen dem Schreiben immer wieder bewegt.

Das Dosendiktat: Sie brauchen dazu eine leere Dose oder einen anderen Behälter. Ihr Kind schreibt den Text ab und schneidet die einzelnen Sätze aus. Anschließend legt es die Sätze geordnet vor sich auf den Tisch und liest den ersten Streifen, den es dann in die Dose steckt. Nun schreibt es diesen Satz auf, liest den nächsten Streifen usw. Zum Schluss vergleicht es seinen Text mit der Vorlage und korrigiert die Fehler.

Das Selbstdiktat oder Eigendiktat: Hier liest das Kind den kompletten Text einmal durch, deckt den Text dann mit einem Lineal oder einem Blatt Papier so ab, dass es nur eine Zeile oder einen Satz sieht. Diese Zeile bzw. diesen Satz merkt es sich und schreibt sie bzw. ihn auf. Zum Schluss liest es seinen Text noch einmal genau durch und korrigiert Fehler. Danach vergleicht es seinen Text mit der Vorlage und markiert die Fehler farbig.

Das Kassettendiktat: Ihr Kind liest den Text zuerst ganz durch und spricht ihn dann langsam und deutlich auf eine Kassette. Nach jedem Satz macht es eine längere Pause. Später lässt es die Kassette ablaufen und schreibt dabei Satz für Satz auf. Nach jedem Satz drückt es die Stopptaste, damit genug Zeit zum Schreiben bleibt. Nach dem letzten Satz vergleicht es seinen Text mit der Vorlage und verbessert die Fehler.

Weitere Methoden für das Rechtschreib-Training

Als besonders sinnvolle Methode zum Rechtschreib-Training hat es sich bewährt, wenn Ihr Kind ein eigenes Wörterheft oder eine Kartei anlegt und führt. Dort werden laufend neue, schwierig zu schreibende Wörter eingetragen.

Im **Lernwörterheft** schreibt Ihr Kind Wörter zu bestimmten Themen (Tiere, Pflanzen ...) und besonders schwierige Wörter auf (Wörter auf *-ieren, -ine,* Wörter mit *h,* Wörter mit *aa, ee, oo ...).* Dabei ist wichtig, dass Sie gemeinsam mit Ihrem Kind die Seiten in Buchstaben einteilen und überlegen, ob nur die Einzelbuchstaben des Alphabets berücksichtigt werden oder auch Buchstabengruppen wie z.B. *sch, st, sp.*

Ihr Kind kann aber auch mit einem **Karteikasten** arbeiten. Der Karteikasten sieht so aus:

Er besteht aus 5 Fächern. Überlegen Sie mit Ihrem Kind, woher es passende Kärtchen oder Zettel bekommt (kaufen, aus Papierresten selbst zuschneiden ...).

Auf die Vorderseite des Zettels oder Kärtchens schreibt Ihr Kind das Wort, das es lernen möchte, und steckt ihn in das 1. Fach. Dann schreibt es das nächste Wort, das es lernen will, auf den nächsten Zettel usw. Dieses 1. Fach schaut es sich zwei- bis dreimal in der Woche an und nimmt die Zettel darin heraus. Ihr Kind liest das Wort auf dem ersten Zettel, legt den Zettel weg und schreibt das Wort auf. Dann nimmt es den nächsten Zettel usw. Anschließend korrigiert es das Geschriebene. Die Zettel mit den Wörtern, die es richtig geschrieben hat, steckt es dann in das 2. Fach und übt die Wörter auf den Zetteln mindestens einmal pro Woche. Die fehlerfrei geschriebenen Wörter kommen dann in das 3. Fach. Diese Wörter werden mindestens alle zwei Wochen geübt, die fehlerfreien kommen in das 4. Fach. Diese Wörter übt man einmal pro Monat und steckt die fehlerfreien in das 5. Fach. Wenn Ihr Kind ein Wort falsch geschrieben hat, steckt es den Zettel wieder in das 1. Fach. Die Wörter im 5. Fach bleiben dort für ein Jahr. Danach kann man sie wegwerfen, wenn man sie immer noch richtig schreiben kann. Die Fehlerwörter: ab damit ins 1. Fach!

Ab Seite 203 finden Sie eine **Übersicht über die am häufigsten falsch geschriebenen Wörter.** Orientieren Sie sich beim Zusammenstellen der Karteikarten oder der Anlage des Wörterhefts auch an dieser Liste.

Darüber hinaus gibt es jedoch eine Menge Möglichkeiten, wie Ihr Kind leichter lernt und wie Sie es fördern können. Einen Teil solcher Tipps, gerade auch zum Schreiben von Diktaten, haben Sie bereits kennen gelernt (s. Seite 196 bis 199).

Für Schreibanfänger bieten sich zusätzliche Übungen an, die Sie z. B. im Übungsblock „So werde ich spitze! Rechtschreiben 1. Schuljahr" und im Übungsblock „So werde ich spitze! Rechtschreiben 2. Schuljahr" finden (in jeder Buchhandlung erhältlich).

Außerdem helfen diese **Arbeitsformen:**
Schreiben Sie z. B. drei bis vier Wörter auf, die Ihr Kind anschließend auf einer Buchseite finden und abschreiben soll. Sie suchen dafür am besten Wörter aus, die zu den Lerninhalten des Diktates passen, das Sie mit Ihrem Kind gerade vorbereiten.
Oder bieten Sie ihm Wörter an, bei denen ein Buchstabe fehlt, oder kurze Sätze, bei denen ein Wort fehlt.
Lassen Sie Ihr Kind aus vorgegebenen Buchstaben oder Silben Wörter bilden.
Lesen Sie gemeinsam kurze Texte in Bilderbüchern. Dabei können Sie auch gemeinsam überlegen, warum das eine Wort groß- und ein anderes kleingeschrieben wird.
Beim Spaziergang können Sie mit Ihrem Kind Wörter buchstabieren, Reimwörter oder Wörter mit ie, mit Doppelmitlaut usw. suchen.

Tipp

Beim Autofahren können Kennzeichenschilder mit Wörtern (AU-TO, ES-EL) oder mit Buchstaben gesucht werden, aus denen sich Wörter bilden lassen usw.
Später kann Ihr Kind in Zeitungen, Zeitschriften oder Büchern z. B. Wörter mit doppeltem Mitlaut suchen und aufschreiben oder Wörter in seine Silben zerlegen.
Beim Schreiben sollte Ihr Kind die Wörter immer halblaut vor sich hin sprechen, das erleichtert das richtige Schreiben und auch die Kontrolle, ob alle Wortteile/Buchstaben geschrieben wurden.

Bitte achten Sie bei allem Üben darauf, dass viel Abwechslung, Spaß, Geduld und Lob mit von der Partie sind! Das macht Mut und gibt die notwendige Motivation zu besseren Leistungen und zum Dranbleiben. Vermeiden Sie bei allem Willen zu guten Leistungen, dass Ihr Kind zu viel Druck spürt und dass Stress und Angst sein Lernverhalten beeinträchtigen.

Und nun: Viel Erfolg beim gemeinsamen Üben!

die kleinen Lerndrachen

Die am häufigsten falsch geschriebenen Wörter

A

der Abend, am Abend, abends

alle, allen, alles

allein

alt, älter

andere, anderen, anderer, anderes

die Angst, ängstlich

die Antwort, antworten

der Ärger, ärgern

auf einmal

außen

außer, außerdem

B

beide

die beiden, diese beiden

das Beispiel

bekommen, du bekommst, er bekam

besser

bis

bisschen

bleiben, du bleibst, er blieb

bloß

böse

brauchen, du brauchst

D

dann

dass

denn

die

dies, diese, diesen, dieser, dieses

dir

draußen

dunkel

E

eben, ebenfalls, ebenso

eigentlich

ein, eine, einem, einen, einer, eines

einmal (aber: ein Mal, wenn beide Wörter betont werden)

das Ende, endlich

entgegen

erzählen, du erzählst

essen, du isst, sie isst, er aß, das Essen

etwas

F

fahren, du fährst, sie fährt

das Fahrrad, die Fahrräder

die Fahrt

fallen, du fällst, er fiel
(Er fiel zu Boden. – aber:
Es fiel viel Regen.)

fehlen, du fehlst

fernsehen, du siehst fern

der Fernseher, die Fernseher

fertig

sie fiel (Grundform: fallen)

fressen, du frisst

das Frühstück

G

ganz, ganze, ganzen

gar, gar kein, gar nicht

geben, du gibst, er gab

der Geburtstag,
die Geburtstage

gehen, du gehst, er ging

geträumt
(Grundform: träumen)

das Glück

groß, große, großer,
großen, großes, größer,
größte (das größte Haus –
aber: das Größte war ...)

die Grüße

gut

H

haben, du hast, sie hat,
er hatte, sie hatten

halten, du hältst, er hält

das Haus, die Häuser

her, herein

heute, heute Abend,
heute Morgen

hier

hin, hinaus, hinein

hinterher

hoffentlich

der Hunger, hungrig

I

ich

die Idee, die Ideen

ihm, ihn, ihnen, ihr, ihre,
ihren, ihres

im

immer

interessant

irgendein, irgendetwas,
irgendjemand,
irgendwann, irgendwer,
irgendwie, irgendwo

sie ist (Sie ist größer als er.)

sie isst (Grundform: essen –
Sie isst gern Spaghetti.)

J

jetzt

der Junge, die Jungen

K

sie kam, sie kamen (Grundform: kommen)

sie kann, du kannst (Grundform: können)

kaputt

kein, keine, keinen, keiner, keines

kennen, du kennst, sie kennt

klein, kleine, kleiner, kleinen, kleines

kommen, du kommst, sie kommt, er kam

können, du kannst, sie kann, er konnte

kriegen, du kriegst, sie kriegt

L

lachen, du lachst, sie lacht

lassen, du lässt, sie lässt, er ließ, sie ließen

leben, du lebst, sie lebt

das Leben

der Lehrer, die Lehrerin, die Lehrerinnen

lernen, du lernst, sie lernt

lesen, du liest, sie liest, er las

lieb, liebe, lieber, liebes, am liebsten

die Liebe

lieben, du liebst, er liebt

sie ließ (Grundform: lassen)

sie liest (Grundform: lesen)

los

loslassen

M

mal (zwei mal acht)

Mal (das zweite Mal)

man

der Mann, die Männer

mehr

mein, meine, meinen, meinem, meiner, meines

meistens

die Minute

mit

morgen (Bis morgen!; morgen Abend), morgens

der Morgen (Guten Morgen!)

müssen, du musst, sie muss, er musste

N

nachdem

der Nachmittag, nachmittags

nächste (nächste Woche), nächsten, nächster, nächstes (aber: Der Nächste, bitte!)

nämlich

nah, nahe

nehmen, du nimmst, sie nimmt, er nahm

nichts

P

passieren, etwas passiert

der Platz, die Plätze

plötzlich

R

rennen, du rennst, sie rennt, er rannte

rufen, du rufst, er rief

die Ruhe, ruhig

S

die Sache

sagen, du sagst, sie sagt, er sagte

sie sah (Grundform: sehen)

sie saß (Grundform: sitzen)

schlecht

schließlich

schlimm

das Schloss, die Schlösser

der Schluss

schön, schöne, schöner, schönes, am schönsten

schrecklich

schreien, du schreist, er schrie, sie schrien

schwarz

sehen, du siehst, sie sieht, sie sah

sehr

die Seite

selbstständig (auch: selbständig)

sie, Sie (Dort kommt sie. Aber: Bitte kommen Sie mit!)

sitzen, du sitzt, sie sitzt, sie saß, gesessen

sollen, du sollst, sie soll, ihr sollt, er sollte

der Spaß, die Späße

spazieren, du spazierst

das Spiel, die Spiele

spielen, du spielst, sie spielt, er spielte

stehen, du stehst, er stand

der Stein, die Steine

die Stelle, die Stellen

stellen, du stellst

das Stück, die Stücke

T

der Tag, die Tage

der Tod

tot

der Traum, die Träume

träumen, du träumst, geträumt

U

und

uns, unser, unsere, unseren, unserem

V

vergessen, du vergisst, sie vergisst, er vergaß

verlieren, du verlierst, sie verliert, verloren

verschieden, verschiedene, verschiedenen

viel, viele, vielen, vieles

vom, von

vor

vorbei

W

wahr

die Wahrheit

sie war, sie waren, du warst, ihr wart, sie wäre, sie wären

Weihnachten

weit, weiter, am weitesten

wie

wieder

wenn

werden, du wirst, sie wird

wir

wissen, du weißt, sie weiß, er wusste, gewusst

wollen, du willst, sie will, ihr wollt, er wollte

Z

die Zeit

ziemlich

zu Ende

zuerst

zu Haus, zu Hause, (auch: zuhause)

zuletzt

zurück

zusammen